[日] 阿久津一志（阿久津かずし）

如何培养
工匠精神

一流人才要这样引导、锻炼和培养

「职人」を教え・鍛え・育てるしつけ
はこうしなさい!

中国青年出版社
CHINA YOUTH PRESS
中青文传媒

图书在版编目(CIP)数据

如何培养工匠精神：一流人才要这样引导、锻炼和培养 /
(日)阿久津一志著；张雷译.
—北京：中国青年出版社，2017.3
ISBN 978-7-5153-4569-7
Ⅰ.①如… Ⅱ.①阿… ②张… Ⅲ.①企业－职工－修养 Ⅳ.①F272.92
中国版本图书馆CIP数据核字（2016）第272543号

如何培养工匠精神：一流人才要这样引导、锻炼和培养

作　　者：[日] 阿久津一志
译　　者：张　雷
责任编辑：周　红
美术编辑：李　甦
出　　版：中国青年出版社
发　　行：北京中青文文化传媒有限公司
电　　话：010-65511270/65516873
公司网址：www.cyb.com.cn
购书网址：zqwts.tmall.com　www.diyijie.com
印　　刷：北京慧美印刷有限公司
版　　次：2017年3月第1版
印　　次：2017年4月第2次印刷
开　　本：880 × 1230　1 /32
字　　数：86.5千字
印　　张：5.75
京权图字：01-2016-8030
书　　号：ISBN 978-7-5153-4569-7
定　　价：29.80元

"职人"を教え・鍛え・育てるしつ
けはこうしなさい！

目｜录

“职人”を教え・鍛え・育てるしつけはこうしなさい！

前 | 言

近年来，各行各业被称为“工匠”的人数急剧减少，一般认为原因主要在于两方面：一是希望成为工匠的人越来越少；二是现有的工匠年事渐高，逐渐到了退休年龄。

但实际上这些都不是最根本的原因，最根本的原因是，如今基本上没有公司想要培养工匠或者是能够培养工匠。

拿建筑行业来说，大型建筑公司或总承包商在拿下工程项目之后，他们不会亲自施工，而是在抽取一定经费之后，将工程整个转包给分包商。

更不可思议的是，分包商也会从中抽取一定的费用，再次将工程转给自己的分包商，然后才是按照工种不同，分配给各施工单位。

最终，不同工种的各专业施工单位才正式开始施工。在这些专业的施工单位中，承担施工工作的才是我们所说的“工匠”。这些单位的工匠都是能够掌握各工种技术的施工人员，但同时也有一些不具备技术、专门从事辅助工作的施工人员，他们只能被称为作业员。然而，这样的工程承包体制里面却隐藏着巨大的问题。

在这样的体制内，大型建筑公司及总承包商不直接施工，而是由工匠们实际在现场施工。对于大型建筑公司、总承包商、分包商、分包商的分包商们来说，现场施工的人员都属于外包公司人员，根本不需要自己来培养工匠。

培养工匠需要时间和金钱，所以他们也从来没有想过要去培养工匠。

此外，专业施工单位大多是中小企业，他们从大型建筑公司、总承包商、分包商及分包商的分包商手中承接工程，工程经费经过层层扣除，导致他们也根本没有时间和金钱来培养工匠。由于哪个公司都不再培养工匠，工匠的数量持续下降，长此以往，估计数十年之后，日本的施工现场将再也看不到工匠的身影。如果日本的施工现场没有了工匠，那时候又会是什么样子呢？对于我个人来说，是很有危机感的，如果不做好工匠的培养，也将会处于无工匠可用的窘境。

为什么企业没有人才，存在哪些问题？

公司的快速发展和人的综合能力提升速度不相协调；

企业所器重的人才创造不出绩效，让企业屡屡失望；

公司人力资源部门缺乏对人才识别的技能，缺乏人才复制传承的系统性；

自主培养的人才忠诚度高，和企业文化相适应，但自主培养速度慢、周期长；

尽心血挖到的人才，流动性大，跳槽率高，与企业文化相冲突，不能为公司所用。

……

我自己的公司是一家专门从事泥瓦匠工作的专业施工单位，面向的市场为枥木县北部。创业至今已经有四十余年，一直经营泥瓦匠业务。不过，不论经济形势多么不好，公司收益再怎么下滑，我们都没有考虑过放弃培养工匠这一工作，反而是将工匠培养这一工作放在最优先的位置。之所以如此，是因为我们的顾客还需要工匠们的高超手艺，而我们的技能也可以给顾客提供满意的服务。

泥瓦匠的工作虽然说不上是什么高精尖的技术，但也不是一般人三两天就能够学会的，它需要投入大量的时间和金钱。优秀的泥瓦匠无法速成，同时他们也是高品质建筑所不可或缺的工匠。

例如，在建造住宅的时候，顾客可能会提出希望客厅采用西式的明亮格局、不要使用有污染的材料、使用某种色彩和某种样式等等各种要求。顾客会将这些要求告诉设计师，再经过与顾客的反复磋商确认，设计师才会做出自己的设计图。然后，设计师会拿着自己的设计图和样品等，通俗易懂地向泥瓦匠描述顾客的需求。

因此，泥瓦匠只有拥有丰富的材料和施工知识，以及施工手艺，才能够完全达到顾客和设计师的要求。

这也就是对我们泥瓦匠的要求。顾客正是因为自己办不到，才把这份工作托付给我们。换句话说，虽然顾客自己做不到，但是他们也希望将这份工作托付给有技术、可信赖的泥瓦匠，这样才能够达到他们自己的施工要求。

我最初开始做泥瓦匠的时候，有一位一级建筑师曾经这样和我说过：

“虽然我也没有刷过一次墙，但迄今为止已经不知道有多少客户委托过我，使我参与了很多建筑工程。关于泥瓦匠的工作，因为自己见过各种各样完工后的墙壁，所以对于何种建筑物采用何种墙壁，我的脑海中马上就能浮现出一种合适的构思。不过，我却无法将这种构思变为现实，只能通过设计图和照片等形式，再借用你们泥瓦匠灵巧的双手，才能够达到顾客的要求。所以，顾客的满意是你我共同的工作目标。”

一级建筑师的这番话引起了我的共鸣——我们共同的工作就是将顾客抽象的要求变为具体的现实，这就需要我们不断地提高自己的技术和知识水平。

本书汇总了我做工匠时学到的知识以及成为经营者后在培养工匠过程中的经验心得。

1. 如何自主培养人才，选用育留90后员工，培养个性化人才?

2. 如何重新认知，经营人才，留住人才，减少人才流失?

3. 怎么样通过激励和培养员工，用最小人力成本创造最大价值?

4. 怎么样才能有效快速的构建人才梯队，建立起企业独特的人才供应链?

5. 如何构建积极的人才培养理念，找到自主培养和引进人才的平衡的解决之道?

6. 怎样的培养方法，刻意练习，让员工成为一个行业高手?

7. 什么样的机制，让技术老将与新生代新手协作增效?

8. 如何运用好OJT法和OFFJT法?

9. 互联网+时代，一流人才如何做到懂数据、成本意识、时间管理、责任意识、终身学习等理念?

10. 如何理解员工的差距就是企业的差距?

本书通过工程企业培养工匠的案例和我的故事，从一个小的角度，反映了共性的企业管理和人才成长的大道理：培养工匠精神，员工成长就是企业发展；员工通过刻意练习，反复做自己不会做的事，才能成为一名高手；自主学习，正视挑战，向前辈学套路、技法，把工作当成一种修行，唤醒体内的一流精神，达成一流的技术，把事情做到精准，把自己练成干才、将才！进而引申出企业人力管理、人才培养、企业理念、企业发展等经营之道和基业长青之路的思考。希望本书能对各位企业家和有志成为优秀人才的职场人，提供一定的帮助和借鉴。

阿久津一志

“职人”を教え・鍛え・育てるしつけはこうしなさい！

第一章

1

企业百年之计在于工匠

为什么有业务却没有收益？

大家去判断一个公司经营状况的时候，一般都会认为账面黑字是好的，赤字是不好的。

但实际上，既有有赤字但经营良好的公司，也有有黑字却濒临倒闭的公司。经营过公司的人大概都能理解，每期都能够增加收入和收益且账面是黑字的公司只是极少数，正常情况下公司的经营状况是赤字和黑字交替出现。

企业的经营者谁不希望每期都营收增加，公司账面处于黑字状态，但这确实太困难了。公司处于黑字状态就表示持续接到业务委托，不断获取收益。但有时候，公司接到的业务委托很少，营业额和利润就会双双下降。

这种情况下，销售人员就需要努力工作来增加公司的订单量。可是，业务量上升但收益下降的情况也是有的，这到底又是什么原因呢？事实上，就在我自己过去经营公司的过程中，也出现过几次有业务却没有收益的情况。

尤其是，这些工程订单的预算价格也不低，施工条件也并不恶劣，但收益就是上不去。当时，有几个工地都是这种情况，最终公司的当期收入就变成了赤字。这样下去的话，公司迟早要倒闭的，所以我要赶紧查明问题所在。

调查发现，最大的原因是，实际支出的金额超过了预算金额。又经过进一步分析，发现多支出的部分不是在材料上面，而是在人工费（支付给工匠的工资）上面。但就在上一个预算期内，各项支出控制得都还比较合理，为什么这次就超出预算了呢？实在让人无法理解，所以我就每个工地都转了一圈，查出的原因令我感到意外。

当工程订单多的时候，各位工匠都会全力以赴地工作，营业额和收益当然会双双上升。相反，工程订单量下降的时候，收益也会下降，但工地上的工匠人数却没有减少。

也就是说，工匠们都在磨洋工。如果说工匠们全力以赴的工作效率为100%的话，现在的工作效率也就在60%～70%之间。如果不经常到工地查看的话，根本就无法了解具体的实情，因为工匠们会装出一副忙碌的样子，很难让你发现其中的问题。

所以，经营者需要不断获取更多的工程订单，使工匠们处于一种满负荷的工作状态。对于需要雇佣工匠的行业来说，这种情形是普遍存在的合理状态。并且，如果一直持续这种满负荷的工作状态，公司的营收上升，每个工匠自己的技术能力和生产效率也会随之提高，从而实现公司整体工作效率的提升。工地现场会变成一个充满生机和活力的工作现场，公司和工匠都会进入一个良性的循环。

而相反的情形却是很不好的。工程订单少自然是一个大问题，但更严重的是这会使每个工匠养成磨洋工的坏毛病。工匠们吊儿郎当的工作状态会让雇主看在眼里，急在心里，会让他们怀疑工匠们的职业素养，从而影响接下来的订单。前面也说过，经营者需要经常到工地现场查看，但实际上经营者却很难从中发现工匠们偷懒的问题。

因为，只要经营者到工地现场查看，工匠们就会装作很繁忙的样子。但是，只要经营者一离开，工匠们马上就会恢复懒散的状态。不过，虽然经营者看不到，但雇主可是了解得一清二楚。所以，雇主也就不希望将后续的工程再交给你去做。

除此之外，这种状态还会带来另外一个问题——经营者感到收益提升不上去，就会觉得是不是工程报价低了，就会提高后续的工程报价。

与别的公司相比，自己公司的报价变高了，就更难获得工程订单了，公司和工匠都同时进入了一个恶性循环，工匠的技能也会逐渐下降。可以说，工匠懂得如何偷懒后会逐步毁掉公司。一旦公司进入这种状态，想要摆脱就很困难了，长此以往就会使公司陷入经营危机，甚至是破产关门。

因此，重要的是经营者获取足够多的订单，来使工匠保持一种满负荷的工作状态，但努力的方向并不是将重点放在营销与市场推广上面，而是将重点放在如何使工地现场保持一个全负荷运转、如何获得客户的信任和支持、如何培养出能够提升公司收益的工匠上面。只有经营者和工匠们齐心协力，共同构建一个相互信任的关系，才能实现一个完美的工作状态。

前面说到工匠偷懒的问题，但其实现实是好逸恶劳、整天吊儿郎当的人是极少数的。只是当工作量变少后，大家都会下意识地放慢工作进度，避免手头的工作结束后而在剩余的时间内无所事事。**所以，不能完全依靠工地现场的工匠们来做自主调节，而是需要经营者对每天的工程量做一个管理。**

到现场查看工匠的工作状态后着手改进

对于中小企业和雇佣工匠的公司来说，需要经营者频繁地到工作现场查看。特别是遇到订单量急剧下降、营业状况和收益都不好的时候，经营者更需要多到现场了解一下实际情况。

视察工作现场就是去了解工匠们的工作状态。因为，公司的营业量和收益下降的原因大多在于现场。订单量的下降不仅仅是市场和销售的问题，有时候更多的是现场工匠的工作态度及客户关系处理不够好的问题，从而影响了后续的订单。

比如，工匠们不遵守工作现场的规定，叼着烟头施工、不戴安全帽、头发乱蓬蓬及工作服松松垮垮等。甚至严重的还会用手机发短信聊天、干完全与工作没有关系的事情、工程迟迟没有进展。想必大家也能够明白，这样的话，基本上就不会有什么后续订单了。

换个立场来看，如果你将自家的装修委托给了某家公司，结果来工作的都是前面说的那些工匠，你会怎么做？要是我的话，马上就会要求停工，或者从此以后不再与这家公司来往。

在这里，我不是要说工匠们没有职业精神，而是认为这些工匠所属的公司及其管理者有问题，他们没有尽到管理教育的责任。

以前在我的公司订单减少的时候也发生过类似的状况，所以我到现场之后看到了很多令人吃惊的现象。现在，大的施工现场管理都比较严格，对于一些品行不好的工匠根本不会准许他们进入工地，但在一些管理不到位的小型工地，仍有一些工匠做出类似的不好表现，从而损害公司声誉，影响后续的订单。

不过，这种状态并不是工匠自身出于恶意造成的，而是公司及经营者平时对于这种行为的忽视导致的，公司和经营者自身才是问题的根源所在。

那么，应该怎样去解决这个问题呢？在视察施工现场的时候，要随时冷静、心平气和地指出工匠存在的问题。有时候工匠可能多少会有些心理和言语上的抵触，但经营者一定要保持冷静。

回到公司之后，**将自己发现的问题及希望工匠们改善的地方以文字的形式记录下来。在发工资的时候，将**

工资条及希望所有工匠们改善的地方一起装在信封里交给他们。同时，**召开会议，再次对发现的问题进行说明并提出要求让工匠们做出相应的改进。如此反复几次，直到所有的问题点都得到改善。**

这儿有两点需要强调。一是不能自己一来情绪就信口乱说，而是要自始至终冷静地表达自己的观点，否则很容易与工匠们产生冲突，或是破坏已有的信赖关系。

另一点是一定要书面传达。不仅要口头告诉他们，而且要用他们能够看到的正式的书面表达。如果告知一两次就能够改善的话当然最好，不行的话就需要经营者反复说明，直到问题点得以改善。

客户基本上不会直接同施工现场的工匠们抱怨，但会以口碑的形式对外传播自己对施工公司的评价。与以前相比，客户评价显得越来越重要。所以，客户口碑的好与坏，对公司的宣传有着很大的影响。

工匠的工作质量会影响后续订单

不仅仅是工匠的工作，基本上所有的业务都不该是一锤子买卖，而是需要后续第二次、第三次从对方手中接受业务委托，这样才能维持公司的正常运转。

但是，就像我们公司以前的状况一样，初次委托客户在看到现场施工的情形之后，很少会再次委托新的业务。关于其中的原因，前面也和大家说过了——现场施工的情形和工匠的工作态度都存在问题。如果从顾客满意度来说的话，客户给我们打的分数应该是不及格吧。工匠个体都得不到客户的认同，公司整体的评价自然也就低了。

因此，当时很多都是一次性的业务委托，需要花很大的成本才能开拓新的业务。估计大家也都明白——从有过合作经验的客户手中再次接受业务委托与通过营销活动来开发新客户相比，后者所花费的时间和金钱成本要高出好几倍，非常没有效率。要促进公司的成长，在维护既有客户的同时，也要开发新的客户。如果新开发的客户少于流失的客户，公司就不会有进一步发展，从而会一步步衰落下去。因此，公司的发展还是需要多多依赖既有客户的大力支持，这是对公司最有利的方法。

在这儿举一个例子——东京迪士尼乐园经常会突破历史最高营业额和收益纪录，观察一下它的顾客回头率，竟然达到了惊人的97%。为了提高顾客满意度，东京迪士尼乐园下了各种各样的功夫，对员工实施了全面的培训。为了使来游玩的客户能够满意，员工们也是每天刻苦钻研本职工作。这其中有很多需要我们学习的地方。

对于雇佣工匠的公司来说，如果大家每天都努力下功夫去提高顾客满意度、做好工匠的培训，肯定也会发展得越来越好。

如果从满足客户期待的方面来说，迪士尼乐园和雇佣工匠的公司之间没有什么区别。想想看，如果你公司的顾客回头率也达到97%的话，将会是什么样的情形？肯定是不做营销也可以使订单排到几年之后，每年的营收都会不断创出新高，这其中的关键都在于工匠。

在你的脑海中检索一下，在你所生活的地方，有没有这样的公司或店铺——门口排长队的拉面馆、生意兴隆的蛋糕店、天天预约爆满的美容店、一年到头工程都安排不过来的建筑公司等等。这些地方不仅是东西好吃，或者是员工技术高超，更重要的是人员的教育也都很完备。员工培训到位，又得到了客户的信赖，结果就不言而喻了。

如果提高了客户满意度，营销上面即使不投入很多也可以增加业务量。做好自己的工作，客户还会给你介绍新的客户。

问题在于经营者觉得工匠做不到

有一个词叫“思维定式”，也就是说一个人的习惯性思维或判断。拿经营者来说，他们中的大多数看见工匠就会认为他们“有技能，但不适合做案头工作”，“工匠=讨厌学习”等。

这就是思维定式。思维定式无时无刻不在主导着我们的意识，并进一步影响我们的行动。

“工匠哪会什么案头工作和电脑”“即使开学习会和早会什么的他们也不会参加”等——虽然很多经营者根本没有充分的实际经验，却已经在心里认定了工匠“做不了”。因此，有这种思维定式的经营者也不会去培养工匠。要改变这一现状，就要求我们首先要去改变经营者的思维定式。那么，大家认为应该如何改变呢？

实际上，不仅仅是经营者，就连工匠自身也有思维定式，人人都会有某种思维定式。就拿我们自己来说吧，对于不擅长的事情我们都不愿去做，对于不喜欢的东西我们都不会去吃。那结果会怎样呢？就是我们认为不擅长的事情终生都没有学会怎么去做，自己不喜欢的东西一辈子也没有吃过。

但是，换个情形去思考，如果我们不去做不擅长的事情就无法生存下去，或者是不吃自己不喜欢的东西就会生病死掉，结果又会怎样呢？估计人人都会去学习自己不擅长做的事情，都会去吃自己讨厌的食物。工作也是同样的道理。

经营者如果不让工匠做他认为做不到的事情，公司就无法在这个竞争激烈的社会生存下去，就会破产倒闭。对于工匠自身来说，如果不去学习自己不擅长的技术，有一天也会面临失业。

虽然话听起来比较吓人，但实际情况就是如此。经营者要给工匠提更多的要求，把自己的想法认真地告诉工匠——如果他们不认真地去学习自己欠缺的本领的话，将来大家的日子都不好过。实际上，虽然这些事情看起来颇难，但如果一件件去克服的话，基本上也都是能够做到的。

我一开始也是在工地上做泥瓦匠。当时公司的人比较少，我一个人既要做会计又要做工人，还要做营业员。白天是汗流浃背地干活，晚上还要回去整理工匠们的每日报告。如果赶上天气不好无法施工，还要到建筑公司随机拜访做营销。其他还包括到银行处理资金往来等，一个人什么都做。

刚开始也是什么都不懂，但确实没有人可以帮我来做，总不能眼睁睁地看着公司破产吧？于是，不论是以前自己做不来的还是不喜欢做的，都一个人扛了下来。我当时也只是一个工匠，我能够做到的事情大家也一定能够做到。对于抱有“工匠做不了这份工作”这一思维定式的经营者来说，一定要改变自己的思维方式——从认为他们“做不到”到认为他们“做得到”。当然，工匠自身也要有一种危机感——做不到的话就无法在现代社会生存下去。

后面的章节中我们将讲到——用电脑做每日报告和传单、利用杂志召开公司内部学习会、让工匠们每天思考在早会上就富兰克林“13德目”教材进行演讲、每月一次的公司大会、每周一次公司附近的清洁活动等，起初我也觉得做不到，但现在全不在话下。不要还未尝试就觉得自己做不到，重要的是在开始做之前对自己抱有信心。

算糊涂账的经营者与不负责任的工匠

为使公司发展壮大，经营者要做很多工作。特别是中小企业的经营者，更是既要负责现场又要兼顾销售和会计，需要样样拿得起放得下。

而且，不论自己工作再忙，也不能轻视资金方面的工作。作为一位经营者，不能总是算糊涂账。

可是，据从事建筑相关行业的我所知，大多数雇佣工匠的公司经营者算的都是糊涂账。为什么会出现这种情况呢？因为这些公司的经营者大多也是工匠出身。也就是说，工匠在技术方面很优秀，也善于钻研，但基本上没有学过如何管理金钱，这也导致了大多数工匠都不会精打细算。

“钱的事儿都是我老婆在管，这方面可以直接去问她”“我还没拿到钱，能不能稍微缓几天再付款”，或者“我不善于和银行打交道，你替我去吧”等等——很多经营者总是把资金方面的事情托付给别人，根本没想着要自己去做。他们太过于关注技术方面，没有使其他方面的能力得到相应的发展。作为一名工匠，他们很难理顺一家几口的开支；作为一位经营者，他们经常会使公司陷入资金周转困难的境地。关于这一点，我只能建议他们“好好学习资金管理”，首先要做到的就是不要做甩手掌柜，资金管理方面要亲力亲为。

银行要自己去跑，资金往来要自己去操作，遇到不明白的地方，再一个一个去学习突破。作为一名工匠，起码要知道自己一个月有多少收入，有多少支出；作为一名经营者，起码要了解现在有多少应收账款，有多少应付账款——这些都是需要了解的最基本信息。

对于经营者来说，算糊涂账是最要命的事情。说起来不怕大家笑话，其实我在做经营者之前，也差不多是这样的。成为经营者之后，我就必须要给追随我的工匠及他们的家人一个稳定的生活。作为经营者，我就不能再忽视资金方面的事情，就开始阅读财务方面的书籍，参加财务学习课程，逐渐地掌握了各种知识。如果大家正在学习理财的话，也建议大家好好学习一下财务方面的资金管理。

就像“量入为出”、“勤则不匮”所说的那样，工匠及经营者都需要做到收入与支出的平衡，否则很快就会陷入困境。

客户看到的才是真实的

作为经营者的我，自从开始视察施工现场后，不管是哪个工地，看到的都是工匠们忙碌的身影。严格说起来，其实只是看起来很忙碌。这其中既有努力工作的工匠，也有只在经营者视察时装装样子的工匠。

但是，我也并不是说需要一直监视工匠们的工作状态。**作为经营者，需要拿到足够的订单，以保证现场工匠们能够保持一种满负荷的工作状态。**同时，经营者还需要做好工匠的培训——即使没有人监督，也能够满负荷地做自己的工作。

前面说过，工程订单量的减少是因为现场工匠的工作态度不好以及对客户不礼貌，而实际上客户是会经常到现场查看的。每次我去工地现场的时候，总是看到工匠们在认真、满负荷地工作，但我一回到公司，就会经常接到客户斥责及投诉工匠的电话。

那么，究竟哪一种状态才是现场的真相呢？经过多次反思总结，最终我还是认为客户所看到的现场与我看到的现场是不一样的，工匠的工作态度及工地现场规定的遵守情况是完全不同的。那又为什么会出现这种表里不一的反差呢？是不是由每个工匠的工作观决定的呢？

有的工匠认为工作是很辛苦的，干活总是不情愿；而有的工匠却认为工作是快乐的，自己做工作是为了获得自身的成长和实现自己的梦想。这就是工匠之间的区别吧。

当然，表里不一的工匠是前一种类型，他们不仅自己是不幸福的，同时也给周围的人带来不愉快。如果公司里有这样的工匠，就会给公司的业绩带来影响，所以就需要纠正他们的工作观。那么，接下来我们就考虑一下怎么去纠正他们的工作观。

在这里，我们举例说明一下什么是工作观。以下是三个人刷墙的故事。

某个炎炎夏日，一个行人走在路上，遇到了三名正

在汗流浃背刷墙的工匠。行人向三位工匠问了同样的问题："你在干什么呢？"

第一位工匠回答道："这不很明显么！我们在往墙上抹泥浆呢！"

第二位工匠回答道："我们在涂抹泥浆砌墙呢！"

随后，第三位工匠回答道："我们正在涂抹泥浆砌墙，然后再涂上洁白的石灰，使墙壁更加美观。这堵墙是××城的外墙，今后的几百年间，会有很多人看到这堵墙。为了使将来看到这堵墙的人能够感受到今天的成果，我们正在努力做好自己每一步的工作。"

三个人虽然做着同样的工作，但工作观却完全不同。我希望我们公司的工匠都能够像第三个人一样，有一个正确的工作观。

回到前面的话题。

曾经有一次我到施工现场去视察，刚好发现有一位年轻的工匠偷懒没有干活。这位年轻工匠察觉到自己被发现了，马上慌慌张张地装作干活的样子，但我还是批评了他，然后就到别的工地视察去了。但是，还不到一周的时间，我又发现他在偷懒，之后就不分青红皂白地训斥了他一通。

就像成语"由一知百"所说的那样，他肯定不只是那两次在偷懒，而且他偷懒的习惯是长期的，平时也很少能够让人感觉到他的干劲。

后来，我和他谈了一次话，问他为什么不努力工作，发现是因为他个人的一些烦恼及对工作的看法有问题。

我就告诉他说：“做工作不是为了取悦别人，或者得到别人的赞赏，而是为了获得自身的成长和实现自己的梦想。你这样考虑一下试试看！”后来，他对工作的看法逐渐有了转变，偷懒的毛病也逐渐收敛了。

经过这件事，我深切地体会到——**在培养工匠的过程中，需要给他们灌输正确的工作观**。如果培养出来的工匠没有一个正确的工作观，很有可能将来公司内部会出乱子。

对于一名工匠来说，拥有完整正确的价值观和工作观是很重要的。认真思考“工作是为了什么”，并通过工作来锻炼、提高自己的秉性。

只有改变工匠的意识才能够生存下去

在几十年前，日本的经济形势还很好，不管什么行业都是人手不足，工匠特别抢手。但那都是以前的事情了，现在失业率上升，到处都是失业人口，就连工匠也不例外。对于工匠来说，异常艰辛的时代已经到来了！

35岁以上的工匠及经营者都经历过泡沫经济时代，经常会听他们说“当时实在太棒了！”“那个时期太好了！”等，但现在时代完全不一样了——不仅仅是眼下的经济形势不好，而且将来也没有好转的迹象，简直让人感到彻底的绝望。

让我们来看看，今后的时代对于匠人来说是一个怎样严酷的时代。现在已经显而易见的是，不论哪一个行业，工作量都在减少。特别是与建筑相关的工作。如果假定之前的公共事业工程订单量为100%的话，今后的工程订单量也就在百分之六七十上下。这又会带来什么样的后果呢？如果之前是10名工匠的工作量的话，今后只要6～7人就可以将工作做完，之前10万日元的工程也会降低到六七万元的水平。

展望将来的话，要不就是工匠的薪水降低30%～40%，要不就是20%～30%的工匠失业。拿我们自己来考虑的话，如果每年的收入降低到现在的60%～70%，生活会有什么样的影响呢？如果遇到了最不好的结果——失业，是不是顿时感到不寒而栗啊？

为了不出现这种情况，就需要各位经营者改变自身的意识，并同时改变工作现场每位工匠的意识。经营者改变自身意识之后，再把这种意识传达给每位工匠，公司就更可能抓住市场机遇。即使在这样的时代，如果得到了顾客的信赖与支持，公司也会获得发展。而这样的公司一定是能够认真培养工匠、顾客满意度较高的公司。

此外，能够抵御萧条经济环境的公司肯定都拥有比较优秀的工匠。对于这些雇佣工匠的公司经营者来说，很多人也肯定在经营学习方面下了很大功夫。但是，今后的时代不仅需要经营者去学习提高，同时也需要工匠们一起参与学习提高。经营者需要认真地告诉工匠们——如果他们不改变自己的意识，去学习专业技术以外的知识，将来也是无法在这个社会生存下去的。

前面我们所说的经济形势恶化的问题，已经在日本各地逐渐显现。**经营者不要畏惧工匠们的反对，对应该做到的事情一定要严格要求。**作为工匠来说，要摒弃既往的思维定式，积极学习专业技术以外的新知识。**如果得不到顾客的信赖与支持，估计大家离失业也就不远了。**

要对公司做出重大变革的话，首先要从改变工匠们的意识做起。改变了工匠们的意识之后，工作的方法也会改变，获得的成效就会不同。

最初阶段，不一定一蹴而蹴地做出颠覆性的意识变革，可以从改变每个人的意识起步。

经营者要能够调动工匠的干劲

对于雇佣工匠的公司来说，如果能够建立起工匠的教育培养机制，公司的营收肯定会逐步提升的。但是，工匠的教育培养也不是一件容易的事情，特别是中小企业，不可能有大企业那样的员工培训。

一般都认为，工匠不喜欢做与别人相同的事情，不喜欢做感到窘迫的事情，最讨厌违背自己的意志等。即使公司内已经建立起了培训机制，也并非所有的工匠都会接受这种培训机制。所以，首先要做的就是培养他们的学习态度，调动他们的干劲。

这就要求经营者自身有能力去“调动工匠的干劲”。那么，大家考虑一下究竟应该如何去做呢。

如果你自己是一位工匠的话，让你去做自己不想做的事情，是不是会感觉很痛苦呢？因此，就要先消除他们这种痛苦的感觉。让他们去做自己喜欢做和擅长做的事情，如果做得好的话，就给予他们肯定、评价和表扬。

就这样，**让他们从自己喜欢和擅长的事情开始做起，并在这一过程中，逐渐、少量地增加他们不喜欢和不擅长的事情。**这样，工匠们就不会感觉那么痛苦了。

在这个过程中，关键是不要勉强他们，或者一次要求过多，而是要逐渐增加。这种方法很像母亲哄挑食的孩子吃饭，但对于调动工匠的干劲来说也很有效。不久你就会发现，工匠们已经可以掌握他们以前不擅长的事情，不喜欢做的事情也不再抗拒了。

以前，我没能够把握好这种“度”，总是让他们一次做大量的事情，最终导致了与工匠们的冲突。不过，经过几次冲突之后，我逐渐掌握了其中的节奏，现在反而能够比较顺利地在工作、学习和早会等方面调动他们的干劲。不要制造沉重的气氛，而是要在轻松的氛围中与工匠进行沟通，工匠们也不会感觉难堪。所以，对于经营者来说，调动工匠们的干劲可以说是他们最重要的工作。

如果团队中有几个干劲十足的工匠的话，团队合作及施工现场的氛围也会变得轻松有活力，从而给其他工匠带来正面的影响，提高整体的工作效率，达到事半功倍的效果。如果在这种情况下给他们以正面的鼓励和表扬，可以使士气更加高涨，取得更好的工作效果。

对于经营者来说，最需要的能力就是“调动工匠的干劲”。保持与工匠们的沟通，不断在工作中锻炼自己，使自己掌握这种能力。

做给工匠看，说给工匠听，让工匠尝试。若不给予他们赞美，工匠不会主动去做。对于工匠，要商量、倾听、认可，如果不放手让其去做，则工匠不会成长。若不以感谢的姿态去守护，去信赖，去激励他们，则无以育人。这些都是培养工匠的诀窍。

经营者要向工匠描绘公司美好的发展前景，给工匠灌输工作的动力。同时，还要为工匠营造一个适宜工作和学习的环境。并且，经营者应怀有满腔热情，为了公司的美好前景而努力，率先垂范地工作和学习——行动是最好的证明，这才能更有效地激励工匠们。

经营者应率先学习

我以前也做过施工现场的工匠工作，确实在工作中学到了很多的知识，比如施工相关知识、技术类知识、材料的采购、工匠的调配、施工进度的把握等等。此外，也要经常考虑如何有效地推进工作、如何能够降低材料的损耗等，有不明白的地方，还需要向前任社长及有经验的工匠们请教。

但是，从现场的工作中基本上学习不到经营方面的知识。所以，在现场工作结束之后，我还会去书店阅读与经营相关的书籍，或者是参加经营方面的学习班及研讨会。

除此之外，我还参加了跨行业交流会及本地区的各种团体，积极参加各种学习会，向各位经营者学习。而一起在工地现场工作的其他工匠们根本不参加类似活动，即使我多次邀请，他们也都不愿意参加。

刚好与其他工匠不同，我根本不觉得参加这类学习会是一种负担，反而觉得每天都有一种新鲜的感觉。由于我当时参加学习会时还比较年轻，遇到的各位经营前辈都非常关照我，从他们身上学到了很多经营方面的知识，有的也成为了我们公司的业务伙伴。

如果我当时也像其他工匠一样不学习经营方面的知识,不与其他公司的经营者交流,而是直接做经营者的话，将会是怎样的结果呢？恐怕我们公司现在早已经销声匿迹了吧。

确实，工匠通过现场工作能够学到很多知识。但是，就像我亲身的经历一样，现场并不能学到全部的知识。将来的工匠们除了在现场学习知识之外，还要在现场之外学习另一半的知识。如果因为自己不喜欢或不擅长就不去做的话，就无法成长为一个全面发展的工匠，这样在将来的社会是无法生存下去的。

那么，为什么说只有施工现场的知识是不够的？福泽谕吉的《劝学篇》中说："天不生人上之人，也不生人下之人"。但这句话并不是说"人生来平等"，而是对本应平等的人之间却产生贫富差距这一现象提出的疑问。结论就是，做不做学问是导致贫富差距的直接原因。

接下来，福泽谕吉还说了这样的话："人生无贵贱贫富之别，唯劝学知事物者成为贵人；无学者成为贫人、下人"。工匠在现场掌握各种技术，拼命工作，好像就觉得不用再学习了，这是一种错觉。实际上，从长远来看，学习和不学习的工匠之间差距会越来越大。

只有认真培养工匠的企业，才能够成为百年企业；重视对工匠的培养，才能够创造持续发展的强大企业。

但是，工匠的培养并不是一件容易的事情。经营者自身要想学会培养工匠，就要自己率先学习。经营者躬亲垂范，才能够吸引工匠追随。

"职人"を教え・鍛え・育てるしつ
けはこうしなさい!

第二章

2

积极的工匠培养理念 改变企业风气

树立理念，在公司及施工现场加以贯彻执行

经营者需要用公司的愿景及发展方向等，引导公司的职员及工匠。因此，经营者必须确立自己公司的经营理念，并在公司内加以贯彻执行。

被称为经营之神的松下幸之助对确立和贯彻经营理念的重要性也有过阐述，但即使在大企业中，也极少有企业能够真正确立并贯彻自己的经营理念，更不用说中小企业了。

但是，与大企业相比，中小企业组织结构更加简单，只要能确立自己的经营理念，在贯彻方面还是具有优势的。

特别是对于雇佣工匠的公司来说，在培养工匠的过程中同时贯彻公司的经营理念，对于公司未来的发展意

义重大。经营理念就是一个公司的思维方式与价值观。如果每位员工都能够在理解公司思维方式与价值观的基础上开展工作，肯定能受到客户的欢迎，订单量也会有显著的增长。树立公司的经营理念，并贯彻到日常的工作中去，这也是作为经营者的一项重要工作。

那么，应该怎样树立经营理念呢？如前所述，经营理念是一个公司的思维方式与价值观，不论大企业还是中小企业都需要，但一定要切合自己公司的实际。如果照搬大企业的经营理念，或者是树立的理念与公司现状不符，就会导致公司内部运作困难。

并且，经营理念一定要能获得从职员到工匠全方位的共鸣，让大家都觉得自己就是为了这一目标在工作。

首先是经营者深入思考，然后是吸取职员及工匠的意见，并反复摸索。经过几次的循环往复之后，最终才得出一个可接受的经营理念。但**最禁忌的是折中妥协**。

拿我们公司来说，创业后的28年间，一直没有什么经营理念，前代的创业者一直强调“注重技术及传统”，所以公司就发展成为了一个技术优秀的工匠团体。

但是，虽然技术优秀，却不得不承认的是在知识及礼节方面要比其他公司差很多。从前代创业者手中继承了这个公司之后，我感到一个仅技术优秀的工匠团体在这个竞争激烈的社会恐怕无法生存下去，就决定创立公司的经营理念。

对于公司来说，什么才是最重要的？经过一番深思熟虑之后，我参加了创立经营理念方面的学习会，也阅读了几本相关的书籍，最终确立了“我们以礼仪、技术和知识的提升为目标，以感恩之心回馈社会！”这一经营理念。这是花费一年工夫才确立的。

在这一过程中，我学到了经营理念的作用是什么。其作用之一就是团结职员及工匠朝着同一方向努力，可以汇集全员的力量去实现同一个目标。

在经营理念确立之前，职员和工匠们都是朝着不同的方向努力。自从树立这个经营理念之后，我感到大家的力量开始逐渐地汇集。除技术之外，经营理念中也增加了礼仪和知识的部分，所以这证明我们开始培养全面发展的工匠。

实际上，在确立经营理念之前，我也理解不到经营理念的必要性。但自从我了解到“没有梦想就没有目标，没有目标就没有计划，没有计划就没有行动，没有行动就没有成功”这句话之后，开始明白**经营理念的“理念”就是“理想+信念”，就是合理的念想。**

我也开始明白，不论是要做一名成功的工匠还是要做一个成功的公司，第一就是要拥有梦想。

由经营者来创立公司的风气

我自己也做销售方面的工作，经常需要到各个公司去拜访。有时，对一些公司的风气赞叹不已——到访时，前台的寒暄非常客气，接待也让人舒服；公司内整理得井井有条；公司员工碰面时会充满活力地相互问候。这样的公司，一般业绩都不错。

相反，也有的公司会让人大跌眼镜。首先，前台接待的态度差得让人吃惊，就连我主动打招呼他们都不回应。公司内的物品摆放也是乱七八糟。在施工现场走一圈，目光所及之处，物品随处摆放，让人看了心里发堵。

这样的公司，内部风气不好，业绩一般也不怎么样。前者和后者两种公司，他们为什么有这样的差别呢？

见到了公司的经营者之后，我终于找到了原因所在。原因很简单——**经营者的思维方式就像一面镜子一样，直接折射出了公司的现状。**

前一种经营者在接待我时，和前台及其他员工一样，话语充满活力且笑脸相迎。整个谈话始终在轻松的氛围之中，我几乎要被经营者个人的魅力所倾倒，抑制不住地想要买这家公司的商品，要与这家公司有业务往来。

相反，后一种经营者在接待我时，总是让人有一种厌恶的感觉。因为我是以销售的身份去拜访的，这家公司的经营者就以傲慢的态度长篇大论地述说员工的各种不好和自己的光辉事迹。听完之后，感觉是被教育了一番。

对于这样的公司，最终我们也没达成什么合作，其后也没得到什么好的评价。我觉得主要原因在于经营者自身学习不足，无法看到自己公司存在的风气问题，导致了公司风气沉闷。

风气好的公司，一切都朝着好的方向发展，不断重复正循环，公司的风气也会好上加好，从而形成一个螺旋上升的良性循环。在风气良好的公司，工匠入职后，基本上都会成长为优秀的工匠，这就像好的土壤会生长出好的蔬菜。

当然，风气不好的公司会朝着不好的方向发展，不断重复负向循环。进入这种公司的工匠新手，要么无法适应这种风气而辞职，要么沾染上不好的习气，成为一个低素质的工匠。就如同土壤贫瘠，再加上没有水与养分，当然长不出好的蔬菜。最终，客户也不再会与这种公司来往，公司业绩逐步萎缩，并一步步衰落下去。

公司风气的形成受经营者思维方式及习惯的影响很

大。**公司风气好的话，在其中工作的员工也会逐步成长。**所以，经营者要牢记——公司内部的风气是由自己来树立的。

在枥木县有一家从事纸袋及包装纸制造的H公司。我之前听过H公司S社长的演讲，说H公司通过清扫卫生改变了公司的风气。

通过清扫卫生来改变公司这种方式，Yellow Hat的创始人键山秀三郎做得比较出名。S社长就是看过键山秀三郎打扫厕所的视频，被键山秀三郎认真打扫厕所的行为深深触动，也认识到了自己公司存在的差距。

S社长也想采取行动来改变H公司的风气，就决定要学习键山秀三郎，从清扫工作做起谋求变革。在开始清扫行动之前，H公司的工厂内堆积着小山一样的残次品。S社长决定首先从早晨清理水池开始，使水池逐渐地洁净起来。持续3个月之后，终于有第一位员工发现了S社长的清扫工作，问道："打扫得真干净啊，这种方法是从哪儿学到的？"另外几名同样想改变公司风气的员工也加入进来，一起开始做清扫工作。

这之后，有十名左右的员工对S社长推行的清扫工作及OFFJT（脱产培训或向外部学习）比较反感，就主动离开了公司。然后，公司的风气就开始有了变化——

清扫习惯逐渐在公司内扩展开来，残次品减少，生产效率提高，收益也开始上升。

现在，H公司在工厂内贯彻了5S理念（整理、整顿、清扫、清洁、素养等5个要素），以至于其他公司都争相到H公司参观。S社长与键山秀三郎一同创办了“枥木县清扫学习会”。

我在S社长的影响下，也开始了清扫行动。现在，不论公司内还是公司附近，都比以前干净了许多，公司风气也逐步改善。一旦形成了好的习惯，公司风气也会大为改观——这就是我的感受。

工匠反抗越强烈，实施效果越好

商品、技术和服务如果一直没有什么改进的话，就会逐渐落伍。所以，需要不断地吸收新鲜事物，但在吸收新事物的过程中，可以说一定会遭到职员及工匠们的反抗。

不过，不能因为他们有反抗就放弃吐故纳新，这样会导致公司停滞不前。特别是公司的经营业绩不佳的时候，即使明知道会遭到反抗，经营者也要积极吸收新鲜事物。根据我的经验，职员和工匠们的反抗越强烈，引进新事物的效果会越好。

不仅仅是工匠，任何人在潜意识中都不喜欢变化，都想维持原状。所以，在引进新事物、改变公司现状的过程中，肯定会受到各方面的抵制。

假如你要在公司内开展早会、内部学习会、5S活动等，如果公司之前没有过相关活动，那么一旦你将这个消息通知大家，估计马上就会收到很多否定的意见。

很多声音可能会这样说："如果这样做的话，那我就只好辞职了""做这些事情没有任何意义，什么都改变不了"等等。

但是，**大家认真考虑一下——如果公司一直不通过引进新事物来改变现状的话，公司将来会发展成什么样子？**商品、技术和服务都逐步落伍，经营状况逐步恶化，终有一天会破产的。到时候，即使职员和工匠们不辞职，大家也没事可做了。

工匠们说出这些否定和不负责任的话，简直就是在自断前程。如果经营者听从了工匠们的意见，放弃吸收新的事物，公司的经营状况肯定会逐步变糟，不可能有什么好转。

对于只提否定意见而不采取行动的工匠们来说，经营者要么从根本上改变他们的思维方式，要么只能是让他们辞职。**作为一名经营者，是不能够轻易屈从于工匠**

们的反对意见的。

即使引进新的事物之后，也不会立竿见影。特别是早会、内部学习会和5S活动等，只有通过持续的推进才能够产生效果。在效果显现之前，公司内反抗的意见会一直存在，但一旦效果显现，这些反抗的意见就会消失，从而改善公司的经营状况，实现健全的发展。如果再继续坚持的话，公司还会取得更长足的进展。

如果公司内所有的人都赞同某种事物，即使做了也没有什么意义。**有时，反对的意见越多，反而更有必要去实施。**曾经有一位著名的经营者在电视节目中这样说过："在开始新业务之前，先找几位员工问一下他们的意见。如果全员认可的话，就基本没什么成功的可能了。如果大家都觉得有些困难，这才有可能获得成功。"

如果公司处于一种浑浑噩噩的状态，即使面对很多的反对意见，经营者也有必要去挑战一下新的事物。

工匠的常识有很多错误

我在做工匠的时候，从工匠前辈那儿学到的很多常识都是错误的。这也是我做经营者之后才发现的，但并不是说工匠前辈是不怀好意故意那样教我的，估计他们的这些常识错误也是从自己的前辈那儿学来的，并且他们本人也一直认为是正确的。

其中的一个错误就是有关打招呼的——即“工匠新手应该先向工匠前辈打招呼”，如若不然，工匠前辈绝对不会主动打招呼，而且会脸色难看，甚至气恼发火。

见面打招呼确实是很重要的，我也认为有必要教给新人打招呼的习惯。但是，这一常识虽然乍看是正确的，但实际却是完完全全的错误。我认为，应该是经营者和工匠前辈们积极主动地向工匠新手打招呼，以躬亲垂范的姿态告诉他们应该怎么去做。

打招呼谁先谁后都没有关系，重要的是让大家每天早晨都有一个好心情。由经营者和工匠前辈来共同创造良好的公司风气才是常识。

此外，在我做工匠时期，经常会看到老工匠们在工地上耍威风，拿工匠新手像小工一样使唤。让他们给自己搬运工具、给自己清洗工具，工匠新人简直就像学校里被欺负的孩子一样。我觉得这不是什么常识，而是一个比较严重的错误。

这种常识下的教育，我不认为是对工匠的培养。经营者需要经常关注施工现场的状况，确保不出现这种情形。一方面，对于好不容易进入公司的工匠新手来说，他们一心想要成为一名合格的工匠，却被这样的遭遇打消了积极性，对于他们将来的发展非常不利。另一方面，经营者一心想要做好工匠的培养，但这种低素质工匠前辈的存在却是对公司形象的损害。

工匠前辈的消极态度对公司风气的形成有着严重的影响，所以这是在培养工匠新手时首先要改善的问题点。在培养工匠新手之前，作为其前辈的老工匠们要做好自身的学习，才能够在培养新人的过程中做出好的榜样。

工匠前辈们无法培养工匠新手的原因大多在于自身的学习不足。由于自身不勤于学习，他们在技术之外没有自信，只好虚张声势地耍威风。而在他们擅长的技术领域，又害怕被新人赶超失去优势。所以，**经营者不仅仅要关注工匠新手的培养，同时也要做好工匠前辈领导能力的培育。**

教会常识与礼节

“现在的年轻人根本不懂得什么常识，而且脑子也不好使，根本做不了什么工作。”——这是经营者和老工匠们经常用来评价年轻人的一句话。

但是，如果和他们自己年轻的时候相比又怎样呢？应该都是差不多的吧。那么，是不是经营者和老工匠们对于这批刚踏入社会的新人期待过多呢？这些工匠新手们，不久前还在校园中打打闹闹，步入社会中就相当于一个一年级的小学生，当然什么都不懂了。

不管是何种人才，只要他选择了你的公司，要在你这里做工匠的工作，作为经营者都应该表示感激。当然，他们在进入公司时就掌握了一定的常识和礼节就更好了，但这并没有太大的关系。也可能是我的偏见——选择工匠这条道路的人中，很少有人一开始就能够掌握足够的常识与礼节。那么，就让我们在教给他们技术的同时，一并教会他们所需的常识和礼节吧。

前面我们说过，工匠的常识中有很多错误，如果想要培养出具备技术与专业知识，并且有礼节的工匠，一开始就不能教给他们那些错误的东西。作为工匠前辈，也必须要再三确认自己的知识中是否存在错误，然后再去教育工匠后辈。这方面一定要在公司中严格管理，就比如我们前面所说的谁先打招呼的事情。

每个人的性格不一样，有很多工匠新手主动打招呼时确实会感到害羞，很少有人一开始就能够很自然地和大家打招呼。这种情况下，早晨到公司的时候，就需要经营者和工匠前辈率先精神百倍地主动打招呼。虽然一开始他们会感觉不太适应，但经过一段时间之后，这些工匠新手也都能够学会主动打招呼。在前面有关工匠的错误常识中我们也说过，动不动就甩脸子和发火是没有什么意义的。

如果一个年轻人下定决心要成为一名工匠，他们学习技术的速度是很快的。如果也能够一并教给他们专业知识、常识和礼节的话，他们也会以同样的速度吸收。

虽然同时学很多知识会很辛苦，但一起学习的话会起到相得益彰的效果。所以，只要能在公司中教会他们常识和礼节就可以了。

不厌其烦地强调细节

雇佣工匠的公司经营者经常需要向工匠提很多要求，有的要求会让工匠们反感和讨厌，对于这些都不要放在心上。

有些上司由于不想让下属讨厌自己，结果造成了无法培养下属，这样的上司可以说就没有资格做领导。培养工匠的情形也是一样——如果害怕他们讨厌自己，那你就做不好工匠的培养工作。**如果将每次工匠的抵触都记在心里的话，这样的人也不适合做公司的经营者。**

工匠们一般都对自己的技术很有信心，觉得其他地方多少有些欠缺也没关系，但在今后的时代抱持这种想法是行不通了。

现在的时代不仅仅要求工匠技术过硬，同时也要求他们掌握专业知识，有礼节——这是顾客和公司共同的要求。对公司的要求就是培养能够遵守施工现场操作规范及公司制度的工匠，但实际到现场视察的话，你会发现很多工匠并没有遵守现场的规范。

作为一名经营者，有义务要求工匠在施工现场遵守规范。施工现场的规范是为了保护在现场劳动的各个工种的工匠们而制定的，遵守规范是进入施工现场的最基本条件。

但是，总有很多工匠怀着“就我自己”、“稍微一点点”的想法，不去遵守现场的规范。而往往是这些人，经常会发生一些安全事故，或者给别人造成一些麻烦。不知道各位的公司中是否有这样的工匠存在，如果有的话，他们迟早会惹出麻烦或者大的安全事故。

比如，建筑工地现场是要求必须佩戴安全帽的，但却有很多人不遵守这一规定。建筑工地现场是一个非常危险的场所，佩戴安全帽是为了保护自身的安全，但就是有很多工匠觉得麻烦而不去佩戴。

实际上，我也见到过几次工地现场的安全事故，如果当时发生事故的人员戴安全帽的话，很多时候根本就不会造成那么严重的后果。所以，即使工匠们讨厌反感，有关安全的事项我还是会仔细、严厉地多次强调。

除安全之外，如果某种行为会给客户造成困扰，或者是违反公司经营理念的话，我也会采取同样的措施。因为，一旦事故发生之后，造成的后果是无法挽回的，还会影响到公司的正常经营。而最终，发生生产安全事故导致人身伤害后受影响最大的还是工匠自己。

培养会沟通、心怀坦荡的工匠

在一般人的印象中，工匠是顽固、冷漠、难以相处的一类人。我了解的工匠算是很多了，其中大部分也都是这种类型。不过，如果一直是以这种性格干工作的话，迟早会被客户抛弃的。当然，这也会给公司的经营带来影响。工匠们带给客户的印象，会直接影响到公司的经营及收益。

以前的话，只要有技术，即使是冷漠又难以相处的工匠也会被客户及社会接受，但现在的时代不一样了，工匠也需要懂礼节，要给客户留下一个好印象。我们公司以前就相当于一个工匠团体，基本上没能够给客户留下什么好印象。

但是，一直这样下去的话会逐渐丧失客户的，所以我就希望培养出“懂礼节、性格直爽”的工匠。

前面也说过，我在公司的经营理念中加入了“礼节”这一项，这就是我对工匠培养方面的一个要求。但是，要教会工匠们懂礼节并不是一件容易的事情，而是非常困难的。

礼节是在家庭中由父母从儿童时期开始教育培养的一种品德，有的人在做工匠时懂得一部分礼节，而有的人则完全不知道礼节为何物。

我所懂得的礼节中，一部分是父母教育的，另一部分是我在儿童时期从剑道中学到的。剑道在礼节方面对我的灌输是我获得的重要财富。

在我的公司里，在工匠新手入职后会尽快让他们参加态度教育。另外，还会通过工作来教给他们与礼节相关的知识，也会让他们参加各种学习会来提升与客户的沟通能力。

如果公司内能够培养出懂礼节且性情直爽的工匠，那他们也就同时可以胜任销售类的工作。做好了与客户的沟通交流，他们就可以一边做好施工现场的工作，一边获得新的订单。同时，客户的口碑也会带来新的客户，业绩自然也就逐步提升。这就是工匠培养的重要之处。

干净的工作现场会改变人的心情

大约12年前，在一个公司组织的学习会上，我有机会观看了Yellow Hat创始人键山秀三郎的《凡事彻底》这一视频。我还记得，看完之后自己热泪盈眶，感动得不能自已。

那么，我为什么会那么激动呢？泡沫经济破灭几年后，与我有业务往来的公司纷纷出现破产、支付延迟和工程价格下降等问题，我的公司也出现了经营问题，公司的仓库、料场和施工现场等到处都是散放的物品。不要说培养工匠了，我与工匠们的沟通都成了问题，经常与他们产生各种各样的矛盾。

但是，经营问题真正的原因并不在这里，而是在于我自身的知识及能力不足，无法很好地统领工匠们。然而我却没能够看到自身的这些不足，而是将自己的失败怪罪于外部环境或工匠不好。在周围的人看来，当时的我也真是一个失败者吧。

在那个时候，有一个青年会议所的前辈推荐我去参加了一个研修班。在研修班中我学到了很多知识，并持续地用于实践，公司的经营状况也逐步恢复。

但是，公司业绩好转后我开始自负起来，不再践行

每周六在公司附近进行清扫活动的情形

我所学到的知识，公司业绩也就再次恶化。我觉得自己必须要做些什么，正在我冥思苦想时，看到了键山秀三郎徒手清洗马桶的视频，顿时对自己的所作所为悔恨不已，伤心落泪。

看过视频后的第二天，我决定每天早起打扫公司的仓库、料场及各个施工现场。同时，我还阅读了键山秀三郎的著作，参观了公司经营前辈的清扫方法。

最初，只有我一个人做这一工作，但半年、一年之后，陆续有越来越多的人过来帮助我。仓库中以前杂乱无章地堆放了很多东西，我们利用工作之余进行了整理，还花钱处理掉了一些不要的东西。

在当时的研修班上，讲师曾经说过这样的话：**"公司**

看不见未来，是因为公司的窗户是脏的。所以，要先把公司的窗户擦干净！”“厕所不干净的公司，业绩也不会好。好公司和差公司，只要看厕所就能判断了。”在开始清扫行动的12年之后，公司的面貌焕然一新。现在，我们公司全体员工会在每周六的早晨去附近捡垃圾。

公司的清扫工作产生了三个效果：其一，公司的仓库、料场、各个施工现场和卫生间等可见的地方都变得干干净净；其二，持续的清扫工作也净化了大家的心灵；其三，通过齐心协力的工作，使大家变得更加团结。

公司变得干净之后，大家的心情也焕然一新，每天都能以轻松的姿态投入到工作当中。

3K现场造就优秀工匠

工匠工作的现场大多是一个危险、脏乱的场所，工作也非常紧张，被称为3K（危险、脏乱、紧张三个单词的日语罗马拼音首字母均为K，所以称为3K）状态。他们的工作环境基本上不具备良好的条件。但是，正是在这样的环境下，工匠们通过创新工作，才能实现自身的成长及技术的提升。

我做工匠的时候，感觉条件最艰苦的就是在积水的地下修建隧道。那种工作环境才是典型的3K环境。早晨进入隧道，只有晚上下班后才能出去，整天都见不到阳光。工作环境恶劣，只能够带最小体积和最少数量的工具进去。

当时的工期是6个月，在此期间我针对一个工具开发出了各种各样的使用方法。刷墙工作中当然是工具越多越好，但在这种环境下只能是开动自己的脑筋来达到工作的目标。这也使我学会了在工具匮乏的情况下如何用其他工具实现功能替代。

另外，我也学会了如何在有限的时间内去高效地完成工作。**优秀的工匠就是工作不仅要快，还要做得漂亮。为了提高工作速度，工匠经常需要在头脑中思考如何才能更加有效地做好每一步的工作。**

如果一个人只是埋头干活，从不考虑任何事情，那么一辈子也成不了优秀的工匠。**如果不在细节方面下功夫，不去尽力消除自己的失误，工作成效也不会有任何进步。**

根据我自身的经验来说，在艰苦环境中学到的知识远比在舒适环境中学到的要多，特别是在工具等方面，需要你自己根据需要去做适当的改造，以提升自己的工作效率。

因此，在3K现场工作并非都是不好的事情，它正好是一个人发挥创新意识的地方，还能够锻炼一个人的体力与意志。刚才和大家提到的地下隧道的工作，由于当时工期较紧，并且需要一定的特殊技能，因而也没有人能够替代我的工作，这使我6个月没能够休息，最终使自己的体力得到了较大的提升。并且，由于是自己一个人做完全部工作，也在精神方面培养了自己的责任感。

日本是一个四季分明的国家，一年内的温差比较大。但是，正是因为这种自然条件，才使得日本的树木生长得比较紧实，作为建筑栋梁能够使用几百年。如果是在温差不大的南方国家，那里的木材就没法像日本的一样使用那么长的时间。**人才和木材一样，只有在艰苦的环境中锻炼之后才能够更加强大。**

“职人”を教え・鍛え・育てるしつけはこうしなさい！

第三章

3

以后的工匠都该是这样的

工匠也应该不断进步

近几年，社会的变化是日新月异。这种变化体现在各个方面，工作中最明显的就是越来越数字化、国际化，更加追求效率。就拿身边最常见的来说吧，固定电话变成了手机，电脑和网络普及，施工现场的工作也比以前轻松多了。现在，如果没有网络的话，基本上就没法开展工作了。

不知道各位的公司和工作环境是不是也发生了各种各样的变化？在工匠行业内，正在进行着各种变化和进步。

但是，与时代的进步相比较，感觉工匠们变化与进步的速度比较慢。前面我们也说过，工匠们比较讨厌变化，总是希望避免变动。因此，他们变化与进步的速度相对较慢。

例如，在电脑刚开始普及的时候，很多行业的人都开始用起了电脑。但是，在工匠行业，使用电脑的人远比其他行业的少。

结果就是，只有极少数的工匠能够使用电脑。在我的公司中，那些有经验的工匠们基本上都不会操作电脑。

不过，年轻的工匠们却能够很好地运用电脑去做日报和管理现场，还可以总结其他种类的文件。他们还会利用网络来获取信息，通过电子邮件来传送数据等。也就是说，有经验的工匠们没能够跟上时代的变化。

就这一点来说，有经验的工匠们是应该向年轻的工匠们学习的。现在的年轻人并不是什么都不会，他们在一些领域的能力是远远超过我们的。

如果跟不上时代的发展，公司就会从市场上消失，工匠们也一样。最近，有一位工匠意识到了这一问题，觉得自己如果再不跟上时代的脚步就要被淘汰了。于是，他开始在年轻工匠的指导下学习使用电脑。

在最初阶段，这位老工匠处处显得都很笨拙，打字也很费时间，但随着不断的练习，逐渐开始熟练起来。最终，他发出了这样的感慨："有这么便利的工具，为什么我早不去学习呢！"

老工匠们认真地向年轻工匠们传授自己的知识，同时年轻工匠们也反过来教给他们电脑及网络方面的知识，这就形成了一个互帮互学的好机制。

不需要职员化的工匠

以前的大多数工匠都对自己的技术引以为豪。虽然现在也有很多人是这样，但人数上却少了很多。

在过去人们都认为——在技术方面不存在妥协，为了达到自己想要的效果可以不计时间，一直到自己满意为止。但现在的工匠们不论施工效果怎样，只要是时间到了，马上就收拾东西回家。这样的话，工匠们就和公司职员没有什么区别了。

但是，如果这样工作的话，就永远也成不了一流的工匠，总有一天会被社会所淘汰。**总之，对自己的技术没有自豪感的工匠是令人悲哀的。**如果有这样的工匠存在，也会给其他工匠带来不好的影响。特别是对那些正在一心学习寻求上进的年轻工匠，将他们分在一组的话会产生很大的问题。

为了提高自己的技术，如果施工效果达不到理想状态，那么就需要多次重复施工，直到满意为止。对于职员化的工匠来说，他们完全没有这种意识，反而会拖年轻工匠们的后腿。这样一来，年轻工匠们也就丧失了好学上进的积极性，造成技术方面马马虎虎，难以成长为优秀的工匠。

对于这种情况，经营者不能视而不见。

对于有积极性的年轻工匠，应该将他们和有正确工作观念的老工匠分在一组工作。在我做工匠的时候，也和职员化的工匠一起工作过，他们对于公司的利益是漠不关心的。当然，也不会考虑什么顾客的感受，只要自己舒服就可以了。

说实话，在一起工作的我也受到了负面的影响，本来是应该一天内完成的工作，因为不考虑施工效率，结果当天就没有完成。**如果出现了工匠培养达不到预期效果或者施工效率不高等问题，作为经营者来说，就应该考虑一下工匠们的搭配了。**工匠的培养与公司风气的形成也有很大关系，所以需要将这些职员化的工匠们排除在外，不让他们参与到年轻工匠的培养工作中。工匠是不能职员化的。

NHK曾经有一个名为《职业人的作风》的栏目，超级泥瓦匠挟土秀平也参加了这个栏目。我平时就衷爱这个栏目，一直在看，特别是挟土秀平的工作方法令我非常感动。如果对自己刷的墙不满意，他会返工好几次，一直到满意为止，我觉得这就是工匠的工作。

工匠的成长=公司的发展

俗话说："企业就是人"。如果公司雇佣的是工匠的话，这句话就可以改为"企业就是工匠"。这是因为，公司的发展需要通过工匠们个人的成长来实现，如果没有工匠个人的成长，也就谈不上公司的发展。公司内工匠们每个人自身的成长，最终才促成了公司整体的发展。

优秀的工匠会促进公司的发展。但是，不好的工匠会成为公司的负担，造成公司的衰败。因此，工匠自身的成长非常关键。

对于工匠来说，如果个人有积极性的话，肯定会有所成长。对于公司来说，对有积极性的工匠，只要培养得当，肯定会使他们成长。

也就是说，只要经营者能够使工匠产生积极性，并提供良好的培养机制，公司也一定会同工匠一起发展。

换句话说，虽然工匠具有积极性，如果公司的培养机制不完善的话，工匠也无法从实践中获得成长。

对于雇佣工匠的公司来说，如果不能够早日构建起工匠的培养机制，就会阻碍有积极性的工匠的成长。

结果就是，公司无法获得发展，对于工匠个人和公司来说都是一种损失。

那么，怎样才能构建起工匠培养的机制呢？在我的公司中，采用OJT（在职培训）和OFFJT（脱产培训或向外部学习）两种培养方式的组合。具体来说，分别是通过工作来提高技术及通过外部学习等掌握知识和礼节。

除此之外，还在早会上使用富兰克林的13“德目”作为教材，来促进大家掌握好的习惯、摒除不好的习惯、养成爱思考的习惯。

另一种方式就是，每月在公司内举办一次内部学习会，让全体工匠阅读《理念和经营》杂志，里面有各种公司的案例及与经营相关的知识。

大多数人可能会觉得工匠不善于读书或参加学习会，但如果公司全体员工都能够养成学习习惯的话，即使新入职的员工也能够顺利地融入其中，和大家一起学习。

为了培养优秀的工匠，重要的是将这种努力坚持下去。只要在公司内部建立起学习的机制，有积极性的工匠们就会自主学习，不断地掌握更多的礼节、技术和知识。公司内部形成了学习型风气，优秀的工匠就会层出不穷，结果就会实现公司的良性发展。在公司内部创造一个工匠自主学习的环境，这也是作为经营者的工作。

获得知识的方法多种多样，其中最有效的方式就是

公司内部学习会使用的《理念与经营》月刊

读书。我以前就认为养成读好书刊的习惯很重要，《理念和经营》就是一本每月刊登新知识的好刊物，读它也很关键。

我并不是让工匠们在工作时间之外读书，而是将书放在班车内，让他们在休息时间阅读。也不用每次读很多内容，在空闲时间逐步少量阅读即可。读书的习惯在短期内不会带来什么明显的效果，但在长期来看会给人生带来令人惊奇的变化。

让工匠站在前台

之前，我曾经在东京参加过一个工匠培训研讨会，有机会聆听了名古屋水谷工业社长京极先生的讲话。京极先生说他们公司发展的秘诀是让工匠作为公司的主角，让工匠站在公司业务的前台。

水谷工业也是一个中小企业，主要从事后锚固施工，也是属于3K（危险、脏乱、紧张）工种，和我们公司一样属于专业工种。他们主要从建筑公司手中分包工程。尽管现在建筑行业很不景气，但他们的工程订单已经排到了半年之后，据说利润率已经超过8%。

为什么会有这样的成绩呢？这是因为水谷工业坚持对工匠的培养，致力于工匠能力的提升。一般的工匠对于案头工作和课程学习都比较抵触，但水谷工业在工匠的教育方面下了很大的功夫，2006年就在公司内建立了每月一次的学习会制度，将工匠们分成小组，并选出每组的领导。

在最开始的一年，内部学习会只是定义为公司活动，对于大家在学习会上提出的问题也大多是草草回答，有的工匠能够很好地利用内部学习会，而有的没有。第二年时，对于大家就某问题提出的好方案，尝试在公司内部共享。第三年时，公司内部开始产生变化——公司内各部门间的隔阂被打破，新产品及新服务的创意层出不穷。公司的经营理念逐步深入，业绩也开始上升。

“我们中小企业不应该将过多的资金用在营销上面，

而是应该将那些不必要的开支都用在工匠的培养上面，这才是我们应该做的。”京极社长是这样劝告众多中小企业主的。

如果不提高工匠和现场施工的水平，即使花费再大资金和精力去争取订单，最终也只是造成越来越多的投诉，使公司的声誉一步步下降，这是本末倒置的。只有我们提供优秀的工匠和高水平的现场施工能力，才能使客户主动委托我们更多的业务，或者愿意介绍给他们的亲戚朋友。开拓营销不如培养一个可靠的人才，工匠之所以不喜欢学习和改变，是因为他们对自己没有自信。人才培养，无论对大型承包商还是对一流建筑公司都是同样的课题。

水谷工业将工匠放在重要的位置，是通过构建工匠培养机制而获得成功的好案例。我所追求的理想企业就是这样的企业。

大概八年前，我曾经参加过一个为期八个月的学习班。当时，有幸和水谷工业的创始人水谷幸治先生分到一组，学到了很多知识。

水谷先生与我父亲同岁，在组内也像是一位父亲。**水谷先生经常说自己的工作就是现场监管人员的辅助者**。当时我刚开始独立运营公司，在8个月内，从水谷先生那儿学到了很多经营方面的知识。不料，学习结束几年后，水谷先生却因意外不幸去世。

又几年之后，我再次有幸听到水谷工业第二代社长的演讲，得知水谷先生的“辅助者”精神被很好地继承了下来，在经营和人才培养方面发挥了巨大的作用，水谷先生功不可没。

持续学习的工匠将立于不败之地

前面和大家提到了“工匠能力”，“工匠能力”就是每个工匠所拥有的作为工匠的能力。工匠能力不仅包括技术方面的能力，也包括技术之外的能力，工匠培养包括各方面能力的提高。

提高工匠能力的话，现场的施工实务虽然很重要，但也需要掌握与工作相关的知识、礼节等。对于雇佣工匠的公司来说，构筑提升工匠能力的机制，及早开始工匠培养工作是很重要的。

根据行业的不同，提高工匠能力的方法也多少有些差异，但最基本的内容却是相通的。不过，传授技术的方法是因行业而异的。

在技术之外的部分，工匠能力培养机制并不一定是完善的，可以在工匠培养的过程中逐步建立和改善。前面我们也说过，工匠培养的机制不是短期内可以建立起来的，有可能需要几年甚至几十年的时间。作为经营者，**需要给工匠们提供一个可以持续学习的环境。**

与此相对应，如果工作中具备了这样一个能够学习的环境，工匠们就要积极地去学习。即使眼前不具备这样的学习环境，工匠们也需要依靠自身的力量，与经营者一起去构建一个工匠培养的机制。

此外，在学习技术的同时，进一步提高技术之外的能力也可以提升工匠的价值。

前面也和大家说过多次，现在已经进入了顾客和公司选择工匠的时代。那么，什么样的工匠才能被公司和顾客青睐呢？如果你自己站在经营者或者顾客的立场，又会选择什么样的工匠呢？是选择在一个能够学习的环境中仍不积极地去提升技术和能力的工匠，还是积极学习提高技术和能力的工匠？如果是我的话，肯定选择不断学习和提高自身能力的工匠。

工匠也是职业人士，只要看一下职业棒球手和高尔夫球手就能明白，这是需要日常努力训练，不断提高自身能力的。通过刻苦的训练来积累技能，通过比赛来取得成果，**只有将自己的能力贡献给整个团队的优秀人才，才会得到较高的社会评价。工匠在这方面也是一样的。**

如果你是一个积极提高自身能力的工匠，就会受到公司及顾客的青睐，获得较高的评价。获得较高的评价也就意味着，将会有源源不断的工程订单，公司的营收和利润就会上升，对工匠自身的回报也会增多。不论是公司还是顾客，都不希望丧失你这样的工匠。因此，无论在什么样的经济形势下，持续学习的工匠都将会立于不败之地。

工匠与电脑

1995年，我还在挥汗如雨地干工匠的工作。正如大家都了解的，当年微软推出了Windows95操作系统，使人人都能够轻松地操作电脑。在此之前，我都是白天在现场工作，晚上回去手写日报及整理票据。自从引进电脑之后，工作变得轻松多了，而且速度方面也大大提升。

与同行业公司相比，我们公司引进电脑较早，提升了工作效率，使我们能够应付更多的工作。

随着劳动工具的改变，工作方法也发生了急剧的变化，电脑使作为工匠的我的工作方法发生了180度的转变。我开始能够应对更多的工作，从工程预算到请款，以及内部各种各样的工作，极大地缩短了时间。

但是，我周围的工匠却很少有人开始使用电脑。一方面是因为电脑本身价格较高，另一方面也许是工匠自身对新事物的抵触在起作用。

几年之后，有一些工匠开始在工作中使用电脑，结果他们大都说如果早点开始接触电脑就好了。而到了现在，没有电脑和网络就基本上没法开展工作。

也许大家会觉得用电脑和网络来工作是很普遍的事，但在工匠行业却很少能够做到普及电脑。并且，能够熟练使用电脑的工匠现在还是极少数。

从我自身的经验来说，我觉得电脑是将来的工匠所必不可少的工具。但是，老工匠们对于电脑有一种畏惧心理，从没想过要积极地去接触电脑。所以，要从年轻工匠开始要求使用电脑，然后再逐步推广至老工匠。

最近，我们公司针对全体职员及工匠举办了电脑学习会。老工匠教给年轻工匠现场的施工技术，年轻工匠教给老工匠电脑方面的知识，互教互学，这也是我们公司目前一个崭新的培养机制。

现在，电脑已经使工作方法发生了巨大的改变。

之前，技术对工匠来说是必不可少的技能，没有技术的工匠根本就称不上是工匠。但是，今后的工匠只靠技术是不行的，需要兼备各种技能才能够生存下去。电脑技能就是其中之一，能够使用电脑，才能够说成为了一位合格的工匠。

受欢迎的工匠和不受欢迎的工匠

我觉得能够自主学习的工匠还不是太多，拥有学习习惯的工匠肯定能获得个人的成长。学习的习惯不用过于严苛，比如利用休息时间读读书，这就可以了。

从长期来看，能否持续学习会产生很大的差异，根本不学习的工匠基本上不会有什么成长，将来会成为公司的负担，不再是公司需要的人才。

如果换作你是经营者的话，面对认真学习和基本不学习的两个工匠，你会做出什么样的选择呢？当然是认真学习的工匠了。站在顾客的立场考虑一下，也当然是希望由经常学习工作知识的工匠来给自己认真施工。

在我们公司，所有的职员和工匠都需要参加OFFJT，同时，每月还在公司内部开展一次学习会。如果员工符合条件去参加技能水平或资格考试，还会给他们支付相应的费用，让他们去参加考试。

公司每月都会给大家配发在早会上使用的富兰克林“13德目”教材及公司内部学习会使用的《理念与经营》。那些想尽办法去提高技术水平的工匠会不断地去练习，去掌握材料知识和施工方法，最后做出的工作也都十分出色。

企业经营者从顾客手中接受订单委托，然后将这些工作交付给那些善于学习的工匠去施工，施工效果都非常出色，顾客会再给公司介绍新的顾客，这就形成了一个良性循环。正因为有这些优秀的工匠，公司的业务才会一直源源不断。这样的工匠，才是公司所需要的人才。

而另一种类型的工匠，徒有其名，自己不下功夫，技术水平马马虎虎，也不去学习材料和施工方面的知识，工作中总是出现各种各样的状况。这样的工匠总是受到客户的投诉，使公司失去了客户的信赖，订单也越来越少。对于这样带来恶性循环的工匠，公司是不会欢迎的。

作为一位工匠，一定要立志成为那种顾客和公司都欢迎的人才。这样的工匠，才是一位复合型人才，也才能享受到作为工匠的光荣。**当自己的技术为别人所需时，才会激发工匠工作的欲望，进一步提高自己的能力。**

相反，如果不被公司及顾客欢迎，作为工匠的能力只能一步步下降。但如果能够发挥自己的技术和能力去做好工作，一定会有后续的订单到来，这对工匠和公司来说都是一个好的循环。

培养方法得当，任何工匠都会练成干才

现在，即使工匠的技术及其他方面的能力比较低，经过系统的教育也可以使他们获得成长，提高自身的能力。

但是，如果这些工匠自身没有兴趣的话，即使加以培训也可能不会有什么效果。虽然公司建立了一个工匠培养的机制，但对于没有兴趣的工匠还是没有办法的。

那么，是不是只能让这些工匠离职了呢？答案是否定的。让这些没有积极性的工匠产生动力，也是经营者需要考虑的事情。不仅经营者有义务给工匠以工作的动力，而且工匠动力的多少也是经营者能力的一种体现。

那些没有工作积极性的工匠，一般都对自己的工作和将来抱有消极的期望，多认为自己“即使拼命工作将来也还是这样”或者“努力也得不到什么幸福”等。

这就需要将工匠们这种消极的期望变成积极的梦想，不过要完成这种转变也是很艰难的。这是因为，持有消极思想的人基本上不会听取周围人的意见。

我在做工匠的时候，工作上曾经常出现失误，人际关系也不好，那段时期的思想就比较消极，基本上也不

会听取周围人的意见。

后来，我经过向受人敬重的前辈请教、读书、参加外部学习等，开始能够听取周围人的意见，工作积极性也逐渐恢复了。

对于没有积极性的工匠，需要花费时间逐步地给予适当的建议，和他们谈心，让他们找回自己的积极性。工作中有无积极性，会使工匠在学习和技能掌握方面存在天壤之别。如果一个公司中的工匠大多数都有积极性，那么公司一定能获得发展。

但是，积极性不高的工匠增多的话，公司就会衰败。作为经营者，要有能力给工匠以工作的动力，这才能促进公司的发展。

"职人"を教え・鍛え・育てるしつ
けはこうしなさい！

第四章

4

工匠培养
需要时间和金钱，
比这些更重要的是毅力

培养一位合格工匠需要的全部投资

不论是什么样的企业，为了维持公司未来的发展，都需要招聘新的员工，并进行系统的教育，以培养其成为合格的人才。

那么，如果将一名新员工培养成有战斗力的员工，大概需要多少时间和费用呢？虽然根据行业的不同会有差别，但大致需要300万～500万日元（约合19.5万～32.5万元人民币）。从进入公司起的两三年内，员工给公司挣的钱基本上不会多于培养他们所花费的费用。

为了使工匠掌握更好的技术，需要花费的时间和金钱会更多。但是，在工匠培养中是不应该吝惜费用的。应该花钱的地方，就应该全力投入。虽然需要削减不必要的开支，但工匠培养这方面是不应该削减的。

作为一名工匠，能否扎实地掌握技术，对公司和自己的将来都有很大的影响。大企业的人才录用中，从一开始就会花费大笔资金去发掘优秀人才，等待员工入职后又会花费更多的费用培养人才。花钱去录用优秀人才，然后再投资于员工的能力提升，就会将这些人才培养成公司的战斗力。

中小企业是无法去模仿大企业的。但是，即使在人才发掘方面无法投入过多的资金，在新入职员工的培养方面还是要尽量多投入一些。

投入尽量多的资金，通过OJT来提升他们的技术，同时又通过OFFJT来使员工掌握更多的知识和礼节，就可以将他们尽快地培养成公司的中坚力量。

我刚开始从事工匠行业时，首先是用几年的时间在工地现场见习，通过各种打杂来提高技术能力。技术能力提高之后，再学习其他的技能。但是，以前的方法太耗费时间了。**虽然不推荐在人才培养中过分追求效率，但通过OJT和OFFJT的合理搭配和同步进行，中小企业在人才培养方面也不会输于大企业**。此外，**如果公司中培养出的人才能够继续从事新人的培养工作，公司将获得持续的发展**。

沉下心来，技术合格也需要五年时间

我们公司从事的是泥瓦匠行业，主要做的是建筑内外的装修。虽然有些工种的技术很好掌握，但我们这一行业比其他行业更需要细心，即使仅学到一般的技术最低也需要五年的时间（要考取一级泥瓦匠资格，最低需要五年时间）。

由于我们的工程体现了建筑的形象，在顾客能够看到的地方是不能放手给新工匠去做的，需要让技术一流的老工匠去施工。刚才所说的5年时间达到的技术水平，是能够做这类施工的最低水平。

新工匠入职之后，需要和老工匠搭档施工。老工匠在跟进新工匠工作的同时，还需要教给他们更多的技术，这就需要老工匠具有较高的指导能力，同时新工匠也要有工作积极性和学习的欲望。

作为公司来说，需要认真思考怎样去组合这一搭档，但由于公司人数有限，并不一定都会是最佳组合。即使是老工匠，也存在有的人能够很好地指导新工匠，而有的却完全没有能力指导的问题。新入职的工匠中，也不全是工作积极性和个人能力兼具的人才。

乍一看，这里的培养教育都是针对新工匠的，但实

际上担负指导职能的老工匠也是培养教育的对象。

假如新工匠是与一位难以接触的老工匠搭档的话，估计一开始会感到很大的压力，但如果考虑到同不同性格的人打交道能够锻炼能力的话，也算是人际交往的一种学习。

反过来，老工匠如果能够将不懂礼貌且头脑混乱的新工匠培养成一位合格的工匠，成为公司的主力员工，也算是对自己指导和培养能力的提升。

将一位新工匠培养成一位合格的工匠，真的需要很长的时间。前面说仅仅技术就需要五年，如果在所有的方面都培养成一位合格工匠的话，大概需要几十年。也就是说，**公司经营本身就是对工匠的培养**。因此，工匠类公司的经营不会像其他行业一样业绩急剧上升，只会随着每名工匠的成长而逐渐向好。反过来说，工匠类公司的经营也不会急剧变差。考虑到这一点，**能够在工匠培养上花费时间的公司才能称得上是强大的公司。**

一位工匠的成功与多人的离开

前面也说过，成为一名合格的工匠至少需要五年的时间。有人觉得这一时间很长，有人觉得很短，但这一时限是没法压缩的。在我们公司，新入职员工第一年首先碰到的就是体力障碍。

不仅仅是泥瓦匠，在外面工作的许多工种，都无法逃避忽冷忽热的天气变化。因为是工作，也没办法像学生一样天冷就休寒假、天热就休暑假，而是需要工匠自身去适应工作现场的条件变化。

也就是说，工匠需要考虑现场情况去锻炼自己的身体，以适应环境变化。如果身体锻炼不好的话，用工匠的话说就会变成“现场的悲歌”。

入职后的第一年，锻炼自己的身体，以适应工作环境和天气变化，这就是工匠的工作。如果这一年之内没能够锻炼好自己的身体，很快就会成为“现场的悲歌”，连累一起工作的同事和公司遭到不好的评价。一般来说，由于对于工作没有责任感，始终也无法树立自信心，大部分人在这一阶段就辞职不干了。

下一阶段就是第2～3年，在技术和能力方面会遇到障碍。由于意识到了自己与老工匠之间的技术差距，会逐渐对自己能否达到那样的技术水平以及能否依靠这份工作养家糊口等产生疑惑。这个时期可能会观察别的工种或工作觉得更好，从而产生别的工作是不是更适合自己的想法，更倾向于换一份工作。

确实，如果看到了与老工匠的技术差距及同龄人的能力差距，很容易就会产生这样的想法，但做什么事情都需要耐力和坚守，一定要有这样的意识。但可惜的是，这一阶段又有很多人会选择离开。

最后是入职后五年左右，新工匠已经能够掌握一定的技术，已经通过技能考试取得了资质证明，**公司和工匠前辈们的评价也逐渐趋好，这时候就开始面临过度自信和迷失自我的障碍。**

这种状态就是——在技术方面有所成就，就开始过分相信自己的能力，变得自大起来，觉得自己是不是也可以独立开公司了。这种职业障碍在美容及餐饮行业的从业人员中更加多见。但我在这里并不是反对大家自主创业，希望各位不要误会。

如果以自主创业为目标去工作的话，我觉得这反而是一件好事情。我这里想说的是——如果仅仅因为自己技术能力的提升而过分自大，从而产生自主创业的想法，一般不会有什么好的结果。即使能够成立自己的公司，一般也不会坚持很长时间。

最关键的就是掌握了一定技能之后的那一时期。很可惜的是，这一阶段辞职的工匠中，有不少人后来的发展都不是很好。

我这儿有一个相关的统计：第一份工作一年内的离

职率，初中毕业的人为七成，高中毕业的人为不到五成，短期大学及大学毕业的人为三成左右。来面试工匠工作的人中，初高中毕业的人比较多，我觉得他们不应该认为自己年轻就可以随便换工作，而是应该思考怎样利用这份职业使自己的人生更加有意义。

工作本来就不是儿戏。想要成为一位合格的工匠，就要给自己描绘一个未来愿景，然后突破层层困难去实现自己的理想——这是我中学时代恩师的教诲。**人的一生都是在修行，工作就是一个锻炼自己的修行场所。**

在工匠培养中引入OFFJT

工匠的工作就是通过OJT来提高技术。以前入职的工匠新手，都是被告知“要通过在现场见习工匠前辈的工作来掌握技能”，或者是“知识就是通过眼睛来窃取的”等，然后逐步开始自己的工作。

但是，如果告诉现在的年轻工匠同样的话，估计他们到什么时候都无法成长为一位合格的工匠。怎样又快又好地完成施工，这需要工匠前辈严格仔细的教导，这就是OJT。为了让工匠新手早日成长为一位合格的工匠，从而去构建一个机制，这也是公司的OJT。

当然，担负教导职责的老工匠也需要掌握相应的指导能力，也需要相应的学习。

不仅是工匠新手，也需要对负责教导的前辈进行教育方法的培训，才能够培养出能够教导新人的人才。构建了这一机制，才能使公司获得更长远的发展。

同时，OJT和OFFJT的结合也是必需的。OFFJT就是脱产培训或向外部学习，可以使员工离开平时的工作，去掌握工作中无法获得的知识。

我当时高中毕业后就进入了一家大型建筑公司工作，刚入职时还参加了公司组织的OFFJT。但后来正式工作后就基本上没有参加过OFFJT。

对于OFFJT，很多人认为那些与工作都没有关系，而且干与平时不一样的工作时也会有一种抵触感。在我做工匠时，现场指导我的很多工匠前辈都告诉我说“工匠只要在施工现场练好本领就行了”“OFFJT不如直接实践来得快”等。

当时，我认为前辈们的指导都是正确的，但到我带新人的时候，开始对此产生了怀疑——仅仅有技术方面的指导就足够了么？在给顾客服务的时候，是只靠技术，还是也需要别的方面的知识和技能？

在其他经营者的推荐下，我参加了一个OFFJT，认识也随之被开启。如果只是埋头于现场工作的话，不仅工作效率不好，而且工作能力也无法随之提升。

与现场学习一样，OFFJT也会让人学到很多知识。通过接受实际的OFFJT，也使我明白了离开工作场所学习的重要性。从那之后，我也一直在考虑OJT怎么做才能更有效果，并引入其他公司的优秀做法或者通过读书去一步步寻求改善。

在OFFJT方面，我首先会自己参与一下，觉得好的话才让员工和工匠去参加。最初，工匠中也有些人不愿意参加OFFJT，但我一个个要求他们参加，现在对参加OFFJT大家都不再有什么异议。

为了使工作做得更好，OJT和OFFJT都是必需的。如果像以前的公司一样只重视OJT的话，公司也不会有什么大的发展。**OJT和OFFJT的完美结合，才能够最有效地培养工匠。**

跳槽就是从负开始

对于工匠来说，虽说技术并不是一切，但技术的重要性也是显而易见的。那么，工匠的技术是怎么掌握的呢？都是通过每天认真的工作而一点点掌握的。**为了掌握更高的技术，有些工作还需要重复做好多遍，不断地实践各种创意。**

职业棒球手和奥运会运动员成功的背后也需要持续的努力与严格的训练。在这里，就和想要成为工匠的人聊一聊，跳槽有着怎样的负面影响。

如果想要成为一名工匠，前面我们也说过，需要不断的工作积累。就拿我自己的例子来说，为了掌握泥瓦匠的技术，我需要每天都不停地刷墙。在成为一名合格的泥瓦匠之前，我大概刷了1500天的墙。

假如，我在刷到第750天的时候，突然觉得这个工作太辛苦，想换一个轻松点的工作。经过不断的寻找，最后我找到了一个美容院的工作。由于我没有美容师的技能资格，只能从零开始学习一份和以前不一样的工作。对于美容师来说，那750天的刷墙经验是没有任何价值的。

最终的结果也可能是我一直把美容师这份工作做了下去，但与一开始就做这份工作的人相比，我的750天刷墙经验没有任何意义，相当于绕了一个圈子。

虽然我现在这样说，但我在这份工作之前是在大型建筑公司做设计工作，每天都需要加班制图，前后坚持了两年时间。部分是由于家庭的原因，我换成了现在的工作，但在学习掌握泥瓦匠技能的时候我费了很大的功夫。

虽然我前面的设计工作也是与建筑相关，对泥瓦匠工作有些帮助，但与同龄工匠相比，总觉得自己技术水平差距大，如果一开始就干这份工作就好了。如果你希望换一份与现在完全没有关系的工作，那就相当于从负开始。在跳槽之前，我还是希望你能够认真地考虑一下。

这里我并不是想说换工作不好，而是认为不论干哪份职业，想要成为一位合格的工匠，都要有下定决心干到底的觉悟。

根据我的经验，在工作水平达到一定程度之前都会有一个痛苦的时期，总是觉得别人碗里的饭香，羡慕别的行业。在当前时期，如果觉得工作不适合自己，很多人马上就选择了跳槽，但社会不是那么简单的。相比到处飘来飘去，分散自己的能力，倒不如确定一种职业，集中干好一份工作。

工匠正是因为专于某一方面才被社会所需要，假如工匠的水平与普通人无异的话，估计就没有人会找他们干活儿了。所以，工匠需要不断地努力创新，通过重复施工来提高自己的技术水平。

因此，如果想要成为一名合格的工匠，**跳槽不只是从零开始，而是从负开始**。其他专业工种也一样。日本有句话说“吃饼去饼店”，**每行都需要每行的专业人士。**

这一行马马虎虎，那一行也凑凑合合做下来的话，这样的公司就没有大的发展。专研本业才能业务渐广。

老带新的门道

前面说过，从新人录用到培养成为一名合格的工匠，需要花费很多的时间和金钱。但是，如果因为所需投入较多就不去做工匠的培养，那么公司未来也是没有发展前途的。

作为公司的经营者，接受订单、完成令客户满意的工作并获得收益是重要的，但还有另外一件需要做的事情——录用新人，通过持续培养来实现公司的发展壮大。

只是依靠现场工作的普通工匠，是无法做好年轻工匠的培养工作的。因为他们觉得工匠培养不是自己的分内事。

但是，工匠如果做不好新人的培养工作，在今后的时代是要被公司所淘汰的，公司所需要的是能够培养工匠新手的人才。那么，怎样才能够成为可以培养工匠新手的人才呢？

我从事这一行业后，已经培养了许多的工匠新手。**培养工匠新手这一工作听起来很高尚，但我觉得实际过程中真正获得成长的反而是我自己。**正是在工匠培养过程中的锻炼，才使我达到今天的成就。

有时几个人同时指导工匠新手，但他们还是会重复犯同样的失误，这是很令人头疼的。但是，仔细考虑一下就明白了——在工作开始之前并没有将工作的方法和诀窍告诉工匠新手。可是，对工匠新手还抱有很大的期待，希望他们能够干出完美的工作。因此，当施工结果与自己的期望产生较大差距时，就会气恼不已，训斥工匠新手。

然而这些被训斥的工匠也完全是莫名其妙，根本不知道自己为什么被训斥，就会对公司产生不满和不信任感，人际关系也会闹得很僵。如果一直这样持续下去的话，工作效果就可想而知了。

因此，为了避免上述情况的发生，需要在工作之前就将操作方法及窍门认真告诉工匠新手。每天工作结束之后，还要对他们的施工结果进行确认、点评。

对于失误或者有瑕疵的地方，如果当天能够修补就当天修补，如果不行就第二天修补。施工效果较好的情况下，要给予肯定和表扬。

这种习惯是培养工匠新手的最佳方法。在工匠新手培养过程中出现的问题，大部分原因都不在新人一方，而是在负责指导的一方。

经营者就是教育者，需要一直坚持下去

大多数人认为，经营者就仅仅是经营公司的人，其实他们还应该兼具培养工匠的一面。**工匠培养不仅仅是技术方面，还需要帮助他们树立正确的工作观和人生观。**

以前觉得工匠只要有技术就可以了，别的方面大家也都不会很在意。但如今的时代不一样了。现在的顾客印象与社会形象都很关键，工匠们打招呼的方式和衣着形象等都变得重要起来。

我们公司的目标是培养懂礼节、态度谦和的工匠，在工匠培养中每个细节都要说明到位。但是，并不是说你提醒一到两次他们就能够听从，或者是改正自己的不良习惯。如果那样的话，工匠培养也不用这么辛苦了。

对于同一件事情，如果不重复强调好多遍的话，估计我们公司的懂礼貌、态度谦和的工匠也是培养不出来的。为了做好对工匠的培养，经营者不仅要学习相应的知识，而且在平时的行为中也应该做出表率。虽然经营者自身有可能是一个讨厌学习或行为鲁莽的人，但要经常意识到自己给工匠们带来的影响。

在一个公司中工作的员工和工匠，他们的行为都是

经营者自身的一面镜子。公司的发展也都取决于经营者个人的气度。

我在现场工作的那个时期，工匠们的礼数是很粗俗的，但当时并没有影响公司的订单。

但是，现在的时代不一样了，顾客的要求也越来越高，觉得工作就应该又好又快地完成，且节省花费。如果这个时代的工匠再不懂得礼节及谦和对待顾客，估计是无法生存下去的。

结合现场的实际工作经验，我思考了如何去让工匠守礼节，最终想起了自己小时候学过的剑道，觉得两者是相通的。

施工现场的工作虽然稍有差别，但基本上每天都是重复性的工作，这与剑道的练习一样，会使技术逐步提升。剑道认为，人的性格只有在磨砺之后才会变得更强，这与工作能力是一样的。此外，工匠为了提升自己的技术，也需要不断磨砺自己的性格。

"职人"を教え・鍛え・育てるしつ
けはこうしなさい！

第五章

5

工匠，比起单打独斗，更要强调团队合作

一个人能做的工作是有限的

我们公司的工作主要是给施工的建筑物刷墙和铺地面。当然，这些工作并不是一个人来完成的，这些刷墙和贴瓷砖的工作是由几名工匠合作完成的。

即使是一般建筑的修建，也涉及到基础、木工、泥瓦、油漆、设备、电器等等二十多个工种。单拿泥瓦匠的工作来说，也分为备料、运料、抹灰等，需要两个以上的人才能完成。

工匠的工作一般都不是一个人来完成的，需要几个人来协作完成。这是因为一个人的能力是有限度的，每个人都只承担自己擅长的部分，这样可以更好地发挥自身的技术特长，使工作更加有效率。

就拿一根自动铅笔来说，如果是一个人从头做到尾，结果会怎样呢？到底能不能做成呢？结果就是，即使花费数十年的时间，一个人也是无法做出来一根自动铅笔的。

原因就是，要做一根自动铅笔的话，需要有人做笔尖、有人做弹簧、有人做笔芯、有人做橡皮……，然后再有人将它们组装到一起，才能成为一根自动铅笔。即使是这么小的一个东西，也需要许多人的合作才能完成。

回到建筑的话题，为了能够建好一个令顾客满意的建筑，需要很多优秀的工匠以及指挥这些工匠的人。工匠之间的沟通交流又是其中重要的一环。

即使工匠再优秀，如果每个人都只顾及自己的工作，工作效率也会不高，导致根本无法完成一个建筑。只有在现场指挥人员的统一协调下，各个工匠之间相互协商，才能够推进工作，完成一个好的建筑。

能够完成高质量工作的优秀公司，工匠之间的沟通都十分顺畅。由于工匠之间相互信赖，人际关系也非常好。各个工种的工匠都会根据工程进度表去完成自己的施工，基础工打地基、木工做木材施工，然后分别是铺瓦、室内的粉刷、电器设备安装、地面等工种依次施工，各个工种之间衔接紧密，避免工期的浪费。

各个工种的工匠都以顾客的满意为目标，努力施工，衔接和谐，最终才能完成一个优秀的建筑。

没有任何工匠可以完美无缺

与一般人相比，工匠都在某一方面拥有较高的技能，可以称得上是专才。以前的话，工匠只要发挥自己的技能，完成自己擅长部分的工作就可以了，但现在不一样了。

现在的工匠不仅要掌握材料的特性和施工方法，还需要掌握新开发材料的相关商品知识。随着与顾客接触机会的增多，还需掌握与顾客打交道的礼节。

顾客的要求逐年都在多样化，只靠以前擅长的部分，是无法完成现在的工作的，这就对工匠提出了能够适应变化的更高要求。

今后的工匠，在作为一位专才的同时，还要掌握通才的知识和技能。随着顾客需求的多样化，顾客和经营者对工匠提出了越来越高的要求。不过，技术再高、头脑再灵活的工匠，也无法完美地做好所有的工作。

在这么多现场施工中，中间也可能出现工作失误或者与顾客的争执，但这并不是工匠特有的问题，人都不是完美无瑕的。

例如，有的人虽然技术水平很高，但沟通能力不行；

有的人拥有丰富的商品知识，但电脑操作不熟悉。因此，工匠需要相互之间的技术支持和施工结果的确认。

在现场施工时，如果自己施工的部分被别人指责或者提意见，大多数工匠都会有抵触心理。相互之间的支持和确认可以很大程度地减少工作失误及与顾客的摩擦。

没有工匠是完美无缺的，通过工匠之间的交流和团队合作，可以使工作更加接近于完美。但随着技术水平的提高，工匠可能逐渐听不进去周围人的意见。

这其中有对自己技术自信的部分，但更多的却是一种过分的自信。一流和二流工匠的区别不在于技术水平的高低，而在于如何面对周围人提出的意见，是继续努力提高技术还是置若罔闻，甚至大为光火。

一流的工匠对自己的技术水平从不过分自信，在施工检查上也从不懈怠。他们知道工匠不是一般的业余人员，**而应该以专业工匠的标准来要求自己。**

希望成为一流工匠的人，总是对自己要求严格，而对周围的工匠抱有宽容的态度，因为周围的人和我们自己都不是完美无缺的。

因此，对一起工作的工匠不应该有过于苛刻的要求，而如果自己有哪一部分做不好的话，也可以请他们来给予协助。

对于工匠来说，工作上追求完美是提高技术的重要方法，如果没有这样的认识，一辈子也无法成长为一流的工匠。但是，在追求完美的同时，我们也应该认识到工作是没有绝对完美的。

团队合作的重要性

优秀团队的典型特征就是内部交流顺畅，团队合作愉快。现场工作的工匠都认真对待自己的工作，同时也对别人的工作留心照看。这一节，我就和大家谈谈工匠之间的团队合作。

用一句话来说，团队合作就是“向着目标，团结一致”。在泥瓦匠的工作中，团队合作也非常重要。

例如，较大面积的水泥地面施工，特别是在炎热夏季超过1000平方米的施工，这种工作就需要团队合作来完成。

首先，用水泥耙子将水泥推平，然后用振捣尺排出其中的空气，接下来用刮尺刮平，等凝固到一定程度之后，利用水泥打磨机打磨，最后是工匠用抹子抹平。

这一系列的流程需要5~10人参与，每位工匠都要发挥自己最大的能力和体力，在相互之间的沟通中集体推进工作进度。

夏天的水泥地面施工受到天气的影响较大，工作非常辛苦，如果错过了最佳施工时间，后面的工作将会变得非常困难，因为水泥在表面光滑之前就已经凝固。这是无法挽回的失误，是绝对不允许的。因此它是一招定胜负的关键工作。

我在现场工作的时候，也参与过几次水泥地面施工，在合作顺畅的团队中，边边角角的工作都很完美，即使人少一些也不会感到很疲惫。

但是，如果和沟通不畅、合作差的团队一起施工，简直就太要命了，甚至感到大家相互之间不是协助而是在拖后腿。如果团队合作不好，即使人数较多，施工做得也很不到位，并且人人在精神和肉体上都非常疲惫。

经过对这一现象的仔细思考，我发现团队合作会在工作中发挥某种效果。拿水泥地面施工工作来说，**团队合作融洽的团队所完成的工作不仅仅是每个泥瓦匠能力的总和，而是达到了超出能力总和的效果。**

也就是说，**不是简单的1+1=2，而是1+1=3、1+1=4，甚至是更好的效果。**

团队中的所有人都以高效、完美施工为目标，将力量往一处使，1+1就不再等于2，而是达到了3以上的效果。这一现象就是协同效应。

这就是团队合作的神奇之处，也是工作中重视团队合作的最重要原因。明白了团队合作会带来协同效应，那么为了使协同效应能够更多地在现场发挥作用，应该怎么做呢？发挥协同效应所需要的就是团队内的每位工匠都能顺畅交流。在下一节中，将就工匠之间的交流进行探讨。

工匠之间的沟通

整体来看，工匠们的沟通水平是比较低的。而主要原因也并非是说因为沟通能力低而选择了工匠这份职业，他们每天的工作方法是不是也有一些问题呢?

工匠都认为默默干好自己眼前的工作就好了，所以也不积极地与别人进行交流。当这一行为成为习惯之后，就变得无法与别人交流了。

虽然不像达尔文进化论那么高深，但不经常使用的能力确实是会下降的，这个道理很明显。工匠不积极地与别人交流，沟通能力自然也逐步退化。

但是，工作中沟通能力是不可欠缺的，一定要积极地与别人进行沟通。每个工匠沟通能力的高低是与现场的团队合作密切相关的，也影响到现场的整体应变能力。

工匠之间能否有效地沟通，对于公司的业绩也有很大的影响。现场的工作中，很少是由一个人独立完成的，大多是依靠组织和团队来完成的。工匠工作中的团队合作很重要，为了实现最有效的团队合作，就需要团队中的每位工匠都有很好的沟通能力。

拿销售员来说，如果无法和顾客顺利地沟通，就拿不到工程订单。当然，工匠也需要和顾客有良好的沟通，但第一步，是和自己周围的工匠保持一个融洽的沟通和交流。

那么，我们来思考一下，如何提高工匠之间的沟通能力呢？要提高工匠的沟通能力，有以下三种方法：

①将年龄不同的工匠放在一组；

②定期更换组内成员；

③要求参加早会及发言。

通过①的方法，将有年龄差的工匠放在一个组，可以使年轻工匠和老工匠相互产生协同效应。两个人通过互教互学，可以增进对彼此的尊重。

通过向老工匠学习提高技术的方法，年轻工匠可以更快提升技术；通过与年轻工匠接触，老工匠可以了解更多年轻人的世界，使自己永远保持一颗年轻的心。

方法②就是定期更换组内成员，使组织处于一个变化的状态。如果长时间和同样的成员搭档，肯定会产生一种面子主义。为防止这种面子主义的出现，就需要定期更换成员。

这一方法看起来很没有效率，但每个工匠都有自己独特的工作方法，通过观察不同工匠的工作方法，也可以达到相互促进的效果。另外，工作现场也可以产生一种紧张感。

为了做到方法③，我们公司每天早晨都开早会，但这也是从几年前才开始的。之前，大家也只是早晨相互之间打个招呼，然后就去工地现场了，基本上没有什么沟通的机会。更不用说听大家发表自己的意见了。

早会制度启动之后，就让工匠们利用这个场合来发表自己的意见。自此以后，工匠之间的沟通也逐渐多了起来。

除了上述方法之外，经营者还有责任想更多的办法增加工匠之间的沟通，这可以促进现场工作的顺利开展，产生更好的工作效果。

技术老将与新生代新手的协作增效

30年都干同一工作的老工匠，他们的技术都是很优秀的，各方面都是登峰造极的。如果这些技术只是停留在他们自己身上，并伴随他们而终了，是非常可惜的。这些优秀的技术，应该被年轻人传承下去。

在靠技术立身的公司中，都会有几位技术超群的老工匠。新工匠的培养工作交给这些老工匠是比较合适且有成效的。但是，很多老工匠对于培养新工匠都有一种抵触感。

也可以说，基本上没有人愿意并擅长培养新人。那么，为什么我们还需要老工匠去培养新人呢？实际上，有两点好处：

好处一就是，老工匠教给新工匠技术，新工匠教给老工匠电脑以及最新的生活信息。相互教给对方自己擅长的知识，补足自己欠缺的知识。

好处二就是，老工匠可以理解年轻工匠的感受；通过向老工匠学习，年轻工匠也可以理解同辈人之外更加广泛的价值观，培养良好的工作观和人生观。

在好处一中，年轻工匠在手机和数码相机的操作、电脑和互联网的应用等方面拥有绝对丰富的信息和知识。就连我自身，也经常厚着老脸向年轻工匠请教这方面的知识。与阅读说明书相比，一边操作一边讲解的方法更容易让人理解和掌握。

“问是一时之耻，不问是一生之耻。”——当然是多问

问比较划算啊。同时，还能加深与年轻工匠的沟通，年轻工匠也能有发挥作用的成就感。

反过来，老工匠也可以以亲切的态度将自己丰富的工作知识和卓越的技术教给年轻工匠。如果这一组合能够完美运作的话，就可以产生协同效应，提高工作效率。

在好处二中，这些年轻工匠都是和自己儿子年纪差不多的年轻人，虽说也有认真直爽的人，但是非常少。且也和自己年轻时一样，年轻气盛、不听人言，并且不具备一般常识。这样说虽稍有言过其实，但基本上还是符合实际的。

而老工匠的职责就是将这样的新人培养成为合格的工匠。作为受教育的一方，工匠新手在老工匠的严厉训斥和褒奖中不断成长。

反过来，担负培养职责的老工匠有时也会遭到这些不听话的年轻工匠的反抗，需要考虑怎么才能让年轻工匠有工作积极性。这样一来，可以使双方都得到成长，在公司内形成一个互相促进的正向循环。

前辈培养新人的机制

前面我们已经说过，让老工匠来培养新工匠有两个好处，但这也并非都是好事情。我们在“工匠的常识有很多错误”一节中也说过，老工匠传授给年轻工匠的不仅仅是好的知识，也有一些不好的东西。

前面我们也稍有提及，老工匠培养年轻工匠就相当于父母教育孩子，让他们学会各种礼节。

日本有谚语说“孩子看着父母的背影长大”“孩子是父母的镜子”等，这些话也同样可以说成**“年轻工匠看着老工匠的背影长大”“年轻工匠是老工匠的镜子”**等。由于每天都一起在现场工作，年轻工匠会将老工匠的好习惯和坏习惯照单全收。

我在现场工作的时候，跟随老工匠努力学习提高技术。但在工作之外，个人生活方面也向他们请教了很多。多亏了他们，使我学到了很多有用的知识。但不可否认的是，同时也染上了一些老工匠的坏习惯。

例如，天气不好的时候不想干活，就去玩柏青哥；遇事自作主张等。好像也学到了现场那种粗鲁及对客户不热情等毛病。

成为经营者之后，我开始对于当时学到的好经验加以充分利用，对于当时的坏毛病，从自身开始摒弃，并要求老工匠们率先改正。只有自身成为模范之后，才能够从事工匠新手的培养工作。

为了将工匠新手培养成为合格的工匠，负有培养责任的经营者和老工匠必须要改变现有的思维方式。经营者将自己学到的知识传授给老工匠，将他们培养成为可以指导年轻工匠的人才。

为了建立老工匠培养年轻工匠的机制，经营者和老工匠都应当展现出一种认真学习的姿态。如果经营者言行不一，老工匠也会向经营者学习，而接受老工匠指导的年轻工匠也会同样如此。就像“孩子是父母的镜子”这句话所说的一样，经营者的思维方式会如实地反映在公司的经营活动中。

在早会上提升积极性

就像“好的计划是成功的一半”这句话所说的一样，工作开始前的准备是很重要的。**前一天和当天早晨的准备决定了现场工作的流程。**

所以，工匠早晨上班越早越好，但只是早还不够，还需要留出时间来开早会。我们公司开展的工匠之间的早会有以下三个效果。

①*增进工匠之间的沟通*——在前面的章节中也和大家讨论过这一话题，我们公司的早会要求每个人发表一下自己的意见。发表意见的内容为现场应注意的地方及

问题点、昨天工作的感想、对昨天工作中得到的帮助表示感谢等，需要每位工匠在大家面前依次发言。由于每天都需要发言，就会养成一个思考的习惯。我们公司早会使用的是富兰克林“13德目”的小册子。

②**可以提升工作效率**——大家每天早晨都聚在一起开会，可以在短时间内实现信息共享。以前都是我将同一事情向每个人说好多遍，现在只需要在早会上说一次就行了。在早会上可以确认其他现场的进度、各个现场都需要什么东西、各个现场有什么东西富余等，省去了很多不必要的时间，从而更加高效地做好人员配置。

③**可以预防现场事故的发生**——不管是什么样的工作，都有发生安全事故的风险。尽管公司内和各现场都张贴了安全宣传标语，平时也发放了一些文字宣传资料，但最有效的预防方法是每天早晨在他们出发去工地之前进行危险告知。

不管如何提醒，安全风险都不可能完全消失，但每天早晨的危险告知可以将风险降到尽可能低的程度。

早会可以达到上述效果。早会到底要怎么做，需要各个公司根据自己的情况考虑，但首先是开启早会这种制度。

并且，工匠出发前充满活力的问候也很重要。即使你自己的心情不太好，但充满活力的问候会让大家提升士气。

反过来，如果有人充满活力地向你打招呼，你的心情也会随之提振。也许很多人说这是大家都明白的事情，但现状却是基本上没有公司能够做到。通过充满活力的问候，让大家一天的工作有一个良好的开端吧。

好酒也怕巷子深

在我刚开始入这一行的时候，每天都在现场工作，希望自己能够成为一流的工匠，拥有卓越的技术。因为这样的话，我就可以挣很多钱，也不用担心没有工作做。

但实际成为工匠之后却发现，并不是技术好的工匠就能够提升效益，或者是有接二连三的订单。

确实，在以前工作比较多的时候，技术好可以认为是一种优势。但在现在工程订单量逐年下降的情况下，更重要的是销售能力和宣传能力，这些能力更容易给公司带来效益。

这一现象不仅限于工匠，也适用于一般的商品。假设好的工匠=好的商品，那就是说并非东西好就一定能卖得好。

但我的意思并不是说工匠的技术不好或者商品的品质不好也没问题，而是觉得如果在自身宣传及推销方面存在问题，就需要加强在这些方面的研究。

假定你的公司有好的工匠或好的商品，但却不为有需求的客户所知，最终还是难以销售出去。现实世界有很多这样的例子——明明这家公司的商品或技术更好，但却是另一家不太好的卖得不亦乐乎。

原因就在于另一家公司有着更好的营销和宣传能力，很善于销售。这一点，是工匠们的弱项。自己空有一番好手艺，却不善于推销自己，实在是浪费。

所以，应不仅仅依赖于商品或技术，学习和研究如何销售也很必要。作为工匠来说，在掌握技术的同时，掌握如何将自己的技术推销出去的技巧也很重要。

“职人”を教え・鍛え・育てるしつけはこうしなさい!

第六章

6

卓越技术是工匠的核心竞争力

现场是工匠的舞台，也是营销的场所

工匠的职责就是利用自己卓越的技术，来好好完成现场的工作。假如是在城里施工，旁边的邻居会看到工匠们工作的场景。如果公司的工匠培养不到位，这种场景被邻居看到的话，将会怎样呢？下面咱们以装修现场为例进行探讨。

首先，工匠们早晨到公司时间较晚，开着违法改装的车辆前往工地现场，根本不考虑对周围邻居的打扰。虽说有停车位，但工匠们还是随意将车辆停在路边。然后，工匠们叼着香烟商量事情，最后随意把烟头扔在地上。废话一直也说不完，就是不愿开始施工。施工现场也不做整理，到处都是空瓶子和烟头等垃圾。刚开始工作不久，马上就又休息了，休息时间又玩手机或者看漫画。

中午午休时，工匠们将饭盒垃圾随手一扔，然后就启动车辆，钻到车内睡午觉去了，脚还支在仪表台上。午休结束后，也迟迟不开始工作。此外，到傍晚下班时，不但不收拾工地，还比别人早一步回家。

可能大家会想：这样的公司能有业务么？但实际上还真有这样的公司。假如附近有这样的装修工地，各位不妨去看一下。各位能断言说自己的公司不是这样么？前面也说过好几次，雇佣工匠的公司经营者，要经常到施工工地进行查看。

对于顾客和周围的邻居来说，他们可是天天能够看到现场的状态及在现场施工的工匠。**不管公司官网主页做得再漂亮、宣传页印刷得再精美、销售人员再甜言蜜语，只要被看到了工地现场，一切就都露馅了。**

那么，应该怎么做才好呢？需要让工匠们意识到，现场不仅是工匠们的舞台，也是营销的场所。工匠们的行为和前面说的不良工匠完全相反就可以了。

早晨，比规定时间早一些到公司，在公司及公司附近进行清洁工作，开早会调动大家的工作积极性，然后大家一起赶赴现场。在现场工作时，大家严格遵守施工现场规范。工作中和工作结束后，都及时整理工地现场，然后再返回公司。

不管是一开始说的负面例子，还是上面说的正面例子，都会被顾客及附近的邻居看到，然后以口碑的形式向外传播，并对其后的业务订单产生影响。

顾客对工作做评判

现在，既有业务繁忙收益不断上升的公司，也有业务寥寥收益不断下降的公司，这些公司的区别到底在哪儿呢?

仔细思考一下，觉得原因可能多种多样，但我觉得是顾客对公司及工匠每日工作的评价，才导致了现在的结果。**每天完成的工作都很出色，顾客的评价就会高，公司和工匠的口碑就会被不断传播，后续的业务也就接踵而至。**

由于不用广告宣传和促销就可以接到大量订单，公司的收益自然会不断上升。公司和工匠继续做好工作，顾客会继续给出较高的评价，就进一步形成一个正向循环。

而负向循环的公司却是这样的：做的工作不合格，顾客中即便有对工程不满的，也很少会直接向工匠抱怨。因为工匠的态度和打扮等多使人产生一种畏惧的感觉，导致顾客不敢直接抱怨。

所以，即使顾客没有当场表现出不满的情绪，但肯定再也不会将业务委托给这些工匠和公司，或者还会把不好的评价告诉给自己的亲戚、朋友和邻居。

这样一来，这些工匠和公司就难以接到新的业务委托，就形成了和前面公司相反的负向循环。销售人员即使再辛苦工作，也很难拿到新的订单，于是就转而投入数倍于其他公司的巨额资金来做广告宣传和促销，公司收益也自然无法提升了。

这又进一步导致在工作上的费用投入降低，工匠们就更难做出好的工程了。结果就是，工程越做越差，不好的口碑也越传越广。

最终，公司破产，工匠们不得不去寻找新的工作。所以，工匠所做的工作是好是坏，最终还是需要顾客来做评价。

勤恳守责，提升自信

现在的年轻工匠，很难对自己的工作产生自信。这种现象并不局限于工匠，也可以说是现在年轻人的普遍问题。年轻工匠没有自信大致有以下两个原因：

①没有付出辛苦和努力——基本上不会逼迫自己去做什么事情。

现在的年轻人付出的辛苦和努力不足，对于辛苦的工作总是往后拖，希望最好能够避开。日本有“千金难买少来苦”这句谚语，它对于希望培养工匠精神的人来说十分有教育意义。

人在年轻的时候就应该不断挑战各种困难。谁都不可能第一次遇到困难就可以自己解决，对于困难的事情，要养成一种勇于挑战的习惯。在不断的挑战中，你的技能会不断提高，最终实现对困难和问题的解决。

日本电产的永守社长有句名言——“赶快做、坚持做、做到最好”，最后的“做到最好”就是对自己的一种信任。我刚入行做工匠的时候，为了提升自己的技术，每天会在现场工作到很晚。为了通过资格考试，我也忍住困倦来提高自己的技能，一直坚持熬夜工作。正是由于这样的辛苦与努力，我才逐渐得到工匠前辈及顾客的认可，从而获得了自信。对于别人不愿干或者觉得辛苦的工作，我也都积极面对，付出了很多的辛苦与努力。

自信就是在关键场合感觉自己最可靠，对自我有一种信赖。

②将自己的工作托付给别人——没有责任感的人，一生都难以获得自信。

在①中也说过，自信就是在关键场合感觉自己最可靠。如果总是将自己的工作托付给别人，到什么时候都难以树立起自信。

我在做工匠新手的时候，现场工作中对自己的施工效果没有自信，最外一层的施工总是拜托给工匠前辈。本来应该是自己的工作，却因为没有自信而拜托给了别人。这样的事情发生了好多次，导致自己一直无法建立自信心，因为我在关键时刻不敢依靠自己，总是依靠工匠前辈的技术来为自己兜底。

结果就是，工作责任也完全推给了工匠前辈。后来我认识到，树立自信心需要做到以下两点：第一，要认识到手头的工作是自己的责任，需要自己来完成；第二，既然接受了这份工作，就一定要通过自己的努力使工作达到令人满意的效果。

如果有工匠仍然质疑自己为什么没有自信，可以参照上述两点来审视一下自己。

如果你的公司中有的工匠没有自信，不要轻易就帮助他们完成工作，而是要让他们通过自己的努力来完成。**有时，需要从背后来关注他们努力的身影。**

一定要参加资格考试

在泥瓦匠行业，也是有资格考试的。从学校毕业后就从事这一行业的话，实际工作两年之后，就可以参加2级泥瓦匠技能士的考试。

想要参加考试的话，需要在4月中旬以前提交专用的报名申请书。7月上旬会有一次实务考试，通过之后，会在随后的10月份参加理论考试。只有实务和理论考试都通过的，才能算是真正的2级泥瓦匠技能士。

经常有人问我，泥瓦匠技能士考试是难还是容易，我的回答是非常难。因为一般人即使参加了这一考试也基本上是很难通过的。实务考试分上午的2小时40分钟和下午的2小时10分钟两个部分，总计为4小时50分钟，需要在这一规定的时间内完成指定的泥瓦匠课题。

对于我们公司的工匠来说，都是利用4月份到7月份工作结束后的时间努力练习，然后再去参加考试。这不仅需要一定的技术水平，同时还需要在规定的时间之内达到一定的标准，所以还是有些困难的。

施工中不仅要考虑施工的精度（是否达到图纸标准），还要考虑每道工序的时间分配。如果一味追求施工精度，在每道工序上花费的时间过多，估计到考试结束也做不到最后一步。即使施工精度再高，如果在规定的时间内没有完成的话也不能算作及格。

假设工匠在规定的时间内按精度要求完成了课题，

工匠练习1级泥瓦匠考试课题的情形

通过了实务考试，对于他们来说真正的难关却在理论考试。工匠基本上每天都在现场工作，技术方面都能达到一定的水平，但他们平时基本不读书，也讨厌坐下来学习，就有可能在这一关被淘汰。我们公司过去也有过几位理论考试不合格的工匠。但理论考试不合格的话，在下一年的考试中可以免除实务考试，成绩一年内有效。

通过理论考试之后，工匠就算是通过了2级泥瓦匠的技能士考试，再经过3年的工作，就有资格参加1级泥瓦匠技能士考试。1级考试的课题比2级考试难度高出好几档，但规定的时间却与2级泥瓦匠技能士考试的一样。并且，1级考试同样分实务与理论考试，只有两科都通过才能称为是1级泥瓦匠技能士。

也就是说，想要成为1级泥瓦匠技能士，从做工匠新手开始，最短需要5年的时间。

那么，为什么要参加这个考试呢？原因有两点。

①通过每日的应试训练，可以快速地提高技术水平；

②可以判断自己的技术处于哪一水平。

参加与不参加资格考试的人，技术水平明显不同。泥瓦匠和美容师及厨师行业不同，不是说没有资格证就无法从事该行业，所以很多人都没有这一资格证书，或者公司的经营者也不会让工匠们去参加这一考试。

但是，我们是专业的泥瓦匠，当然应该参加这一考试。最重要的是，通过参加这一资格考试，可以提高我们自身的技术水平，提升自信心。如果想要成为一名合格的泥瓦匠，就应该积极参加这一资格考试。

工匠通过技术和服务来抓住客户的心

通过自己认真细致的工作，使客户获得喜悦和感动，进而表达由衷的感谢，这可以说是作为工匠最大的幸福。

作为演奏家，可以通过音乐来使听众获得喜悦和触动；作为画家和陶艺家，可以以自己的作品来打动他人；作为厨师，可以通过食物的外观和味道来感动食客。

作为工匠来说，可以运用自己所掌握的知识来感动顾客。而工匠自身所掌握的知识，本来就是为了使客户获得喜悦和感动的。

泥瓦匠刷墙和铺地板，就是为了顾客能够每天生活在一个舒适的空间之中。我从事这项工作已经有二十年的时间，感觉泥瓦匠的活计确实是一个深奥、困难的工作。就我自己的工作经历来说，真正自认为做得很优秀的时候少之又少，直到现在依然感觉自己的技术还不够成熟。

但是，我每天拼命地刷墙和铺地板都是希望能够给顾客带来喜悦和感动，为了实现这一目的，我还需要确切把握顾客的需求。

顾客将业务委托给我们，肯定是对我们有所期待。这种期待有可能是技术方面的，有可能是服务方面的，或者是双方面的。**如果我们能够满足顾客的这种期待，就能使顾客获得喜悦，如果能够进一步超越顾客的期待，顾客就会因此感动。**

相反，如果达不到客户的要求，提供的服务与客户的期待相悖，就会产生顾客投诉。很多人觉得根本不应该有投诉或者觉得投诉是不好的事情，其实投诉是顾客在告诉我们他们期待什么，因此我们应该觉得非常感激才对。

拿泥瓦匠的工作来说，如果施工效果不好，有污迹或瑕疵等，顾客就会对工匠的技术进行投诉；如果工匠对顾客的态度不好、没能在约定的时间赶到、对工作的说明不充分等，顾客就会对我们的服务进行投诉。

不论是哪种投诉，都是因为没能够达到客户的期望，因此可以认为投诉就是顾客给我们提出的建议。如果我们能够诚挚地接受顾客的建议，做好后续应对，达到顾客的期望，同样可以使顾客满意。

并且，这也可以促进工匠技术和服务水平的提升。通过把握顾客的确切需求、虚心接受顾客提出的建议并做好顾客应对，工匠就可以通过自己的技术和服务来抓住顾客的心。

掌握卓越技术受益终生

虽然我一直都在说今后的工匠只依靠技术无法生存下去，但我绝没有蔑视技术的意思。毕竟，作为一名工匠就得有好技术。尤其是在日本这种靠技术发展起来的国家，与外国人相比，日本人对尺寸和精密度更具敏感性。近来，客户对于服务的评价标准也更加苛刻了。

在工地现场进行对比的话就会发现，技术水平高的工匠在很多方面比技术水平低的工匠更占优势。因此，作为一名工匠，就必须不断提高自己的技术水平，多积累经验、多学习知识。

当然，为了培养出高水平工匠，公司也应该建立相应的培训机制，营造一个有益于提高技术水平的环境。

有一档电视节目真实地播出了某个公司的培训实况，该公司不让技术水平差的新工匠直接去工地工作，而是先让他们在公司里学习技术和知识，掌握扎实后才能去工地现场。

让一个技术水平差的工匠去工地干活可能会造成很严重的失误，所以要先想办法快速地提高他的技能和知识水平，然后再让他去工地干活。其实，这种做法才是最稳妥的。

到目前为止，在工匠培养机制中，都是让技术水平差的工匠直接到工地现场作业。低水平工匠的工作结果其实是不合格的，也就意味着把一个不合格的成果交给了客户。从公司的角度来讲，即使是新工匠也要照常支付工资，所以就必须到工地现场给公司创造效益。

但从顾客的角度来说，支付同样的工钱，当然希望由技术水平高的老工匠来完成工作。

对顾客来说，房子算是价值最高的商品了。所以，顾客不想把自己的房子拿来给新工匠练手，至少也希望具有一定技术水平的工匠来给自己建房子。否则，顾客是无法接受的。

如果站在顾客的角度认真思考，而不是一味地只为公司着想，最好能对新工匠进行扎扎实实的技能培训和知识教育后，再让他到工地工作。

对公司来说，技术也是一种卖点，最好能建立针对新工匠的技能研修、教育训练机制。

总之，对工匠来说技术至关重要。通过充分利用自身掌握的技能，工匠既可以满足客户的需求，又能创造出自身的价值。

养成勤于思考的习惯

作为一名工匠，干工作就应该做到熟练、快速、节约。如果一项工作是由工作能力强、技术水平高的工匠施工，最后的施工效果一定很漂亮。而且，每个工序都没有浪费现象，工作速度也快得惊人。能干净整洁又快速地完成工作，就不需要花费多余的费用和时间，结果是工作的成本会很低。

相反，要是让工作能力差、技术水平低的工匠去干活，就会发现施工效果难以达到要求，每个工序都有很严重的浪费现象，工作速度也慢得惊人等等。完成的工作质量差、周围脏乱不堪、浪费时间和费用，最后工作的成本反而会很高。

那么，怎样才能培养出工作能力强的工匠呢？首先，我们要清楚工作能力强的高水平工匠和工作能力差的低水平工匠到底有什么不同。

一个工作能力强的高水平工匠，时常思考着怎样才能整洁地完成工作，怎样才能快速完成工作，怎样才能避免浪费。一边认真工作一边开动脑筋，养成了思考的习惯。

而一个工作能力差的低水平工匠，整天就会想着早点儿下班吧、下了班去柏青哥玩玩游戏、今天去哪儿喝一杯等等，净是与工作毫无关系的事。

所以，水平差的工匠，心思完全不在工作上，对工作的事不加思考，只是机械地干活儿。这样下去，无论到什么时候，技术水平都不会提高。

总之，**工作能力强和工作能力差的工匠，其区别主要在于有没有养成思考的习惯**。因此，只要让工匠养成思考的习惯，就可以把他们培养成为工作能力出色的工匠。

希望工地现场的工匠们，能够时刻思考“怎么做才能让客户满意”“怎样才能提高工作效率”“怎样才能让工作做得更好”等问题。

当然，**经营者自己也要养成思考的习惯，要有向工匠提问的习惯和技巧。经营者们，多向工匠提提问题吧。**

好好工作一定会带来下一份好工作

即使工作做不好，只要在营销活动上多下功夫，也能吸引客户与公司达成第一次的合作。

但如果想继续从客户那里得到项目，就必须把工作做好。所以，不是短期内把工作做好就可以，而是要一直保持高质量。要是偷工减料、欺瞒客户的话，一定会自食其果。

像这种事，看看电视或报纸上的新闻就知道了。无论是多庞大多优秀的企业，只要欺骗客户、站在客户的对立面，短时间内就会面临破产。

虽然大家都明白这个道理，但现实中要想一直高质量地完成工作，是需要下苦功夫的。无论对公司还是个人来说，要想坚持一件好事，确实很难。但坚持高质量的工作，就跟养成良好习惯一样，将来必定会给自己带来益处。

所以，对于雇佣工匠的公司来说，经营者努力增加工程订单固然重要，但也必须要考虑如何提高工作质量。

在我们公司张贴着**“快乐工作十条”**，具体内容如下：

第一条　把工作当成自己的事

第二条　把工作当成自己的知识

第三条　把工作当成自己的兴趣爱好

第四条　忘记毕业证书

第五条　忘记工资数额

第六条　围着工作转而不是围着人转

第七条　必要时就好好休息

第八条　学习前辈的言行

第九条　努力找到新发现、创造新发明

第十条　工作的报酬是工作

既然从事工匠这份工作，就要成为这个行业的专业人士，就必须把工作当成自己的事。通过工作能学到很多东西，为了充实自己的人生，就要把工作当成自己的兴趣爱好。工匠的工作要能达到令自己满意，理想就是能终生从事这份工作。如果能够把工作做好，自然会带来相应的收益。但不管怎么说，主动工作、谦虚向前辈学习的态度也很重要。此外，还要多发挥自己的聪明才智，多找一些新发现、多创造些新发明。最后，完成一项大工程后要好好休息。这才是工匠的工作和生活方式。

在这“快乐工作十条”中，让我感触最深的是“第十条　工作的报酬是工作”。也就是说，只要时刻为客户着想，努力做好工作，带来的报酬就是下一份更有价值的工作。或者说，工作的报酬就是投入工作，学习和掌握了更多技能和专业知识，个人得到提升，自然待遇和地位必将相应提高，而自己也因工作带来充分的成就感和满足。

“职人”を教え・鍛え・育てるしつけはこうしなさい!

第七章

7

职场人的经营感悟

现场工作结束后的办公室文案工作

工匠都很擅长干工地的活，却不擅长做文案工作，甚至很多人连碰一下电脑也不愿意。

工地的工作结束了，并不代表这一天的工作就结束了。完成工地工作后，还应该回到办公室把这一天的工作内容总结成工作日报。

我在现场做工匠的时候，每天都是由我来听各位工匠讲述当天的工作情况，然后总结成工作日报。

为什么要这么做呢？因为我觉得“工匠都讨厌文案工作”。可仔细想一想，我的这种做法确实很可笑。

本应该由各个工匠亲自总结的报告，为什么要由我一个人总结完成呢？如果每个人都能写工作日报的话，既可以缩短时间又能提高效率。于是我做出了日报的模板，发给每个工匠，让他们分别总结自己的工作内容。

刚开始的时候，有些工匠会满腹牢骚，抱怨从来都没写过什么日报，为什么现在就必须写。但慢慢地，大家都能主动地写工作日报了。

然后，再让大家把日报总结成月报。有了日报的基础，月报就很好完成了。仔细想想，并不是工匠们讨厌文案工作，而是我有自己的思维定式，以为“工匠们讨厌文案工作、做不了这些工作”。

然而，时代在发展，以前需要在纸上总结的资料，现在需要用电脑处理了。比如我们公司，现在工匠们都用电脑写工作日报。工地需要的文件或图纸，以前都是用快递或者传真发送，现在大部分都用电子邮件传递。

而且，施工现场的照片也能用手机发送了。就像我前面说的，随着时代的变化，工匠不仅要会干工地的活，还要能熟练操作电脑，提高工地的工作效率。

但是，身处这么现代化的时代，至今还有很多公司一成不变地延续着以往的老套做法。如果公司和工匠不能随着时代的变化而改变，那就不会有所发展，甚至无法生存下去。

“不能”已成为很多经营者的思维定式。经营者要先打破自己的这种思维定式，然后工匠们才会有相应的改变，一定要坚信工匠们既能做文案工作又能操作电脑，再进一步把他们培养成无所不能的工匠。如果工匠不做这些工作，错不在他们，而在于认为他们不会做、不让他们做的公司或经营者。

互联网+时代，需要懂数据的工匠

如果能把公司的目标和工地的目标用具体数据表示出来的话，就更容易理解了。是否达成了目标，一看数据就知道了。

但实际上，很少有公司设定这种数据目标，大部分公司设定的目标既抽象又模糊。面对这种既抽象又模糊的目标，工地的职员和工匠也不知道该如何努力是好。

这样一来，公司的目标就无法达成，业绩也不会太好。所以，作为经营者，你首先要设定一个具体、明确的量化目标。

如果经营者不懂与公司经营相关的数据，就无法培养出能看懂数据的工匠。所以，经营者自身要先学好会计，弄懂与管理相关的数据。然后再考虑如何培养懂数据的工匠。

前面也说过，对于经营者给出的量化目标，如果培养出的施工工匠无法看懂这一数据，公司的业绩就很难有所突破。我一直在强调这一点，但这里所说的“懂数据的工匠”，不是单纯的计算无误或者计算得快，而是能像经营者一样理解经营数据的工匠。

例如，当经营者说“今年的销售额比去年下降了百分之多少”时，工匠就能找出其中的原因并提出改进方案；或者被问到“工地A的利润率是百分之多少”时，工匠能做出相应的回答。

如果能培养出这种水平的工匠，公司的业绩一定会上扬。但要培养出这样的工匠，就需要花费大量的时间和金钱。经营者还要愿意公开公司的经营状况。

对于公司的经营状况，只要看一下财务报表就能明白，但几乎没有公司向工匠公开财务报表。也许即使公开了，没有学过相关知识的工匠也看不懂。还有很多经营者认为没有必要给工匠看财务报表，所以不公开的情况很常见。

四五年前我也不向工匠公开财务报表，但为了自己经营的公司能够越来越好，同时又参考了我所崇拜的经营者的经营方法，最后决定公开财务报表。其实，早在我还是一名工匠时，第一次看到公司的财务报表，完全不知道哪一项表示什么意思，根本看不懂。

但是，如果将来想成为一名经营者，就必须学会看懂财务报表。想到这儿，我就开始慢慢地学习，渐渐地就能看懂财务报表上的数值所表示的含义。理解得越深刻越能感受到当时经营状况的惨淡，产生一种危机感，担心一直这样下去公司就会倒闭。

如果那时我不学习，不把自己变成一个懂数据的工匠，恐怕公司就无法坚持到现在。所以，考虑到我自己的亲身经历，我想把公司的工匠都培养成能看懂数据的工匠。

一个能看懂数据的工匠，既能给公司带来利益，又能对公司的危险状况及时地做出反应，是公司的保障。所以，培养懂数据的工匠，是件很有必要的事。

公司内部学习会

以前一提到工匠就联想到他们讨厌学习，但这已经成为过去式了，不学习的工匠是无法生存下去的。

在我的公司，目前一个月至少开展一次工匠间的内部学习会。工匠们相互商量后定下时间和主题。他们已经不再是简单的公司工匠团体，现在慢慢地变成了一个自主学习的小组。公司在这样的氛围下，一定会发展壮大的。

一说到学习，人们就会想到某个人担任老师给大家讲解授课的情形，但一直听某个人说教既呆板又无趣。我们公司开展的工匠**内部学习会不同于这种学习形式，而是互相教学，每个人既是老师又是学生。**我们的方法是先让工匠们阅读月刊《理念与经营》，然后把问题做成列表，按照列表开展学习会。

大家把读过杂志后的感想提前整理好，然后会上发言，最后大家一起讨论。公司的职员和工匠们在报告中表示，大家在发言中提出的意见很有参考价值，亲自发表意见又能使自己理解得更深刻。

像这种学习会，如果让职员和工匠们有被强迫感，就很难顺利开展下去。所以，**最重要的是，让工匠们自己决定时间，提前做好充分的准备，愉快地参与到学习中来。**

在公司学习会上，基本上禁止否定其他职员或工匠的意见和发言。发言的人只需自信地把自己的读后感分享给大家即可。

在开展学习会活动之前，我依据自己的思维定式，认为工匠是绝对不会参与这种学习会的。

但内部学习会进行了几个月后，看到工匠们愉快地讨论问题的情形，我发现我的想法不仅错了而且很愚蠢。

本来工匠就是为了学习技术而竭尽全力的人，只要

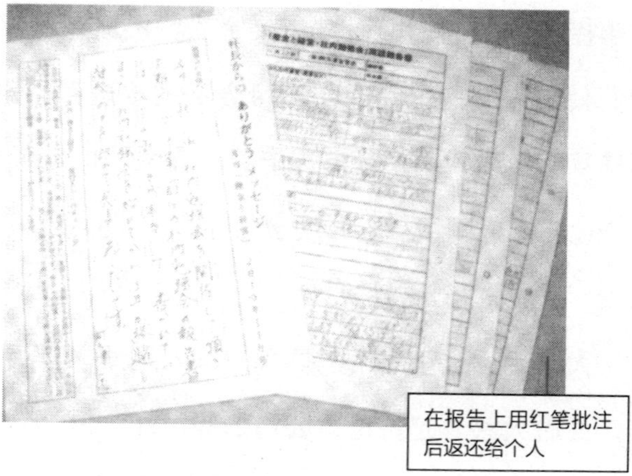

感谢话语和内部学习会报告

告诉他们学习会的流程，并提供会议场地，工匠们就可以独立思考并充分表达自己的见解。

在我的公司，每月开一次这样的学习会，并让大家把会上提出的意见和方案总结成报告提交给我。我用红笔写上评语后返还给每个人。有时还会收到针对公司的改进方案，对改进相关工作有很大帮助。

至今，公司内部的工匠学习会已经开办了3年，我感觉已经逐渐形成了人人希望公司越办越好的积极氛围。

成本意识

即使如今的市场很不景气，也有公司在不断发展壮大。那么，什么样的公司会不断发展呢？那就是工匠有成本意识的公司。

工匠当然要有精湛的手艺，但也必须能够满足客户需求、在各个工地都能给公司带来效益。**有成本意识的工匠不仅工作效率高，还会极力减少工地的浪费现象，这样才会让每个工地都有利润产生。**

对于雇佣工匠的公司经营者来说，不仅要提高工匠的技术水平，同时也要培养他们的成本意识。那么，该如何培养工匠的成本意识呢？

首先要解释一下什么是成本。所谓的成本有两种，第一种是为了提高销售额而必然产生的成本，包括为了获取新订单而产生的广告宣传费、培养工匠的研修费、人才培训费、用于新产品开发的研发费，以及用于购买材料的费用等。

另一种是与营业额毫无关系的没必要的费用。例如，不良库存、不必要的土地、低效率的工作和不必要的会议时间等。所谓有成本意识，是指在必要的情况下花费经费，在不必要的情况下削减经费。到工地看看每个工匠的工作状态就会发现，没有成本意识的工匠产生的浪费现象很严重。

没有成本意识的工匠，不仅不考虑办事效率，还浪费材料。比如搬运材料，明明可以一次搬完，却要来来回回搬运多次。

即使在工作上，浪费和差错也不少，需要返工两次、三次。工匠没有成本意识，工作中就会花费更多的成本，自然也就没有利润可言了。

一旦没有了利润，本该花费的成本也被迫削减，公司的经营状况就会进一步恶化。在这种业绩不佳的公司里，肯定存在很多没有成本意识的工匠。

在这种业绩不佳、工匠又毫无成本意识的公司，我敢断言浪费现象一定很严重，公司风气也散漫邋遢。比如，仓库和放置材料的地方堆得乱七八糟，办公室和卫生间又脏又乱，对工地现场也不进行整理整顿。要想让工匠有成本意识，就要先改善公司风气。

改善公司风气并不是小题大做，而是必要的，它首先要从贯彻5S（整理、整顿、清扫、清洁、素养）开始。

首先是第一个S——整理。整理，就是把有用的东西和没用的东西分开，把经常使用的必需品放在身边，以便随时取用。对于偶尔会用到的东西，用完后要放回原位，以便其他人使用。处理掉没用的东西。

通过整理，不仅可以缩短寻找工具和库存品的时间，也避免了无用的开支。处理掉了没用的东西，还可以充分利用腾出来的空间。

第二个S——整顿，就是能让所有人一目了然。举例来说，如果有架子就画一张架子的物品摆放图，标明什么地方存放着什么东西。还可以在提示板上写明工具和材料的名称；对于车辆，可以写明哪个停车位停着什么车。这样一目了然。通过整顿，同样可以节约时间、提高效率。

接下来是第三个S——清扫，就是清除垃圾和污垢，保持干净。

以我们的工作为例，工地现场就是顾客的住宅或庭院，办公场所就是办公室、仓库和材料存放处，必须时刻保持没有垃圾和污垢、干干净净的状态。保持干净状态能营造出一个安全的工作现场，使工作变得更加得心应手。所以，最好能养成每天都认真清扫的习惯。

第四个S——清洁，就是维持整理、整顿、清扫的成果。时常进行整理、整顿、清扫，即使没有人要求这样做，也要把这些做法制度化，保持现场清洁。

最后一个S——素养，就是严格遵守现场的制度、纪律、法律及相关的安全规定，并自觉地把遵守规定当成一种习惯。

对工匠来说，最难的就是最后一个S。有人监管就能遵守，没人看着就做不到，短时间内能够遵守，却不能长期坚持。

如果能彻底地贯彻5S，就一定能培养出有成本意识的工匠。通过贯彻5S，公司的风气也会有所改善。在这种氛围下工作的工匠慢慢地都会被良好的公司风气所感染。而且，新招来的工匠也同样定会为良好的公司风气所带动。

前文提到的H公司的S社长，就是通过贯彻5S来改善公司风气的。我也仿效S社长，在公司上上下下开展5S和创新活动，把员工们向营造良好公司风气的方向引导。S社长曾说过一句让我深有同感的话：也许一两年内公司风气没有明显变化，但如果坚持5年、10年一定会有所改善。我对这句话很认同。

通过策划、参与活动来学习营销

我所在的城市，每月的第一个星期日附近的商户朋友都会策划并举办一个叫作“美好周日”的活动，主要是为了活跃附近区域的气氛。我们公司每个月也都会参与这一活动，并设置抹墙和泥球体验处，还会安排几名工匠给大家演示如何抹墙、做泥球。

到2010年11月，这个活动已经整整开展两年了，也渐渐地得到了大家的认可。

最初，是想通过这个活动让客户来体验一下抹墙，感受一下其中的乐趣，同时也宣传一下我们在抹墙方面的优势。但现在，我更想通过这个活动，让公司的工匠学习学习营销。

工匠们在工地跟现场监理和业主接触的比较多，但我希望除了这些人，工匠们还能学会如何跟潜在的客户交流，让每个人都可能成为我们的客户。所以，就要让大家都知道自己在做什么样的工作。为什么要这样做呢？因为工匠们大部分时间都是在工地干活，虽然有机会跟监理及业主交流，但基本上不会参与到获取新订单的营销活动中。通常，工匠们会认为，营销就是获取新工程订单，跟自己的工作不相关。

但是，今后的工匠，不仅要完成指定的工作，还要能够给自己创造工作机会。**只靠经营者和销售人员来获取工程订单的时代已经结束了。**

其实，不仅在经营者和销售人员的身边能挖掘出客户，**在工地工作的每一个工匠身边也同样有客户存在。**

你的亲朋好友以及邻居，知道你做什么工作吗？

如果他们知道你是做什么的，也许就会来找你帮忙。

但事实上，他们可能完全不知道你从事什么样的工作。

从几年前开始，为了让工匠们向外宣传自己从事的工作，我们把工地施工的照片、工匠们干活时的照片以及相关活动信息制作成一个名为《感谢简讯》的小册子（目前每月发行一次）。

然后，把小册子发给工匠，再让工匠分发给亲朋好友和邻居们。最近，通过“美好周日”活动接收的工程订单越来越多，看了小册子后来找我们的人也多了起来。

我经常这样对工匠们讲：因为亲朋好友和邻居们不知道你是做什么的，所以房屋需要修缮时，才会把工程交给完全不了解的公司，可能到最后，即使支付了高额的费用，对方却偷工减料。

所以，我们要把身边的亲朋好友和邻居发展成客户，我们也绝对会保证工程质量。既然是亲朋好友和邻居拜托的事，你还会偷工减料吗？如果是我的话，我会更加负责，高质量地完成工作。作为工匠也一样，对于自己拉来的工程，即使业主没有嘱托也会尽职尽责地把活干完。

我的一个朋友，为了使自己居住的地方更有活力，就开始呼吁附近的商户朋友，在两年前第一次举办了这个“美好周日”活动。

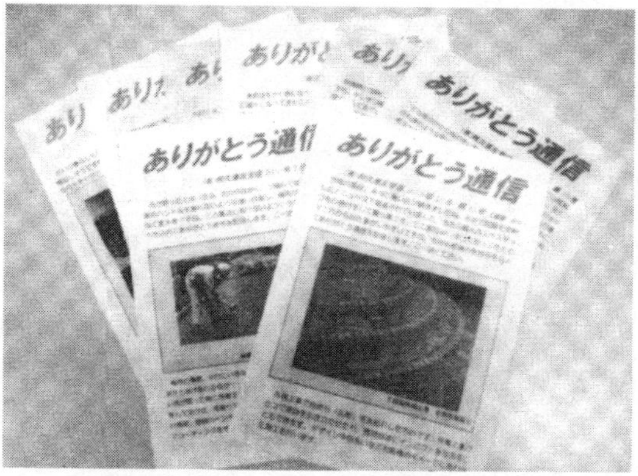

每月都会发行的小册子《感谢简讯》，刊载与工程和活动相关的信息

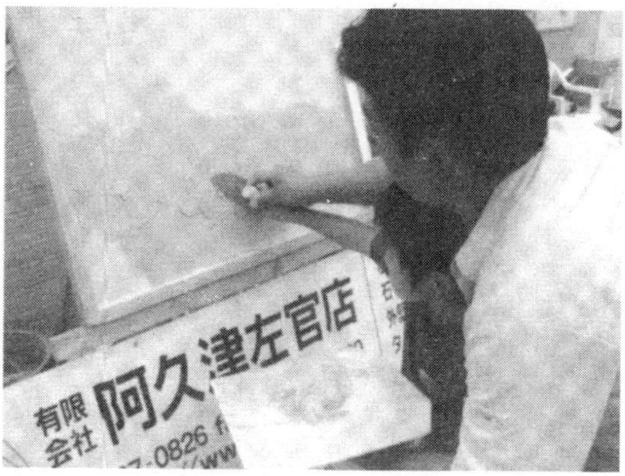

“美好周日”活动中体验抹墙的场景

最开始，出来参加的商户非常少，也没什么顾客。只有3家店铺出来捧场，一天也就来了3个顾客。但是，两年来他们坚持每个月都举办活动，11月7日是这项活动的两周年纪念日，当天的顾客超过了1000人。

有效利用时间

时间作为一种资源，对每个人都是平等的。到工地现场看一看，就会发现有的工匠能够有效地利用时间，而有的工匠则是在浪费时间。

首先，一个能够有效利用时间的工匠，经常有很多小创意。他们会一边工作一边想着怎样才能提高工作速度，怎样才能不把周围弄脏、干净整洁地完成工作。带着时间观念一边工作一边开发技巧，工作速度一定会加快。

最重要的是要设定工作目标，一项工作要在几个小时内完成，或在几点前完成。设定了目标，工作速度也会提高。而且，我们的工作，都是按照与客户约定的时间进行的。

例如，一项工程约定的工期是两周，那就要制定一个计划，怎样施工才能确保在两周内完工。

如果不能按照计划施工，就无法在约定时间内完工，这样不仅会给客户添麻烦，还有损于公司信誉。所以，必须培养员工有效地利用时间。

那么，到底该如何培养员工有效地利用时间呢？首先，让工匠们养成用时间换算工作量的习惯。

对于一个泥瓦匠来说，就要考虑一个小时抹墙的面积是多少，能砌多少块砖。

再比如说，做寿司的师傅1个小时能做几块寿司？理发师剪一个头需要多长时间？

我们把这种在单位时间内能够完成的工作量称为生产率。要想提高生产率，就要制定完善的计划、确定工期、寻找窍门提高作业效率、缩短时间。

在工地作业的话，可以先记录前一天的工作量，最好能使今天的计划大于前一天的工作量。另外，为了缩短作业时间，可以先观察工作速度较快的工匠是怎么做的。**带着时间观念投入到工作中，就一定能够有效地利用时间。**

工匠要成为施工现场负责人

一直以来我都认为，世界上几乎没有任何工作是一个人可以单独完成的，必须与他人合作。那么，当多数人一起工作时，具体由谁来承担责任又成了一个说不清的问题。

一般地，对于自己的工作或者与自己密切相关的工作，就一定会负起责任来。自己做的工作出了问题或者需要返工的时候，一定会认为所有责任都应该由自己承担。

但在工地现场，一旦发生失误或需要返工时，总有人推脱责任或嫁祸给他人。

这种人永远无法得到他人的信任，无论经过多长时间都不会成为一个优秀的工匠。一个优秀的工匠能够适应各种工地，并在施工过程中时刻保持责任感。世界上的所有工作都需要有人负责，没有不需要承担责任的工作。

如果有人找你完成一项工作，对你说“无论做成什么样都不需要你承担责任”，你觉得这样的工作还值得做吗？不需要负责的工作就不值得做。当然，也不会有那么无聊的工作。**即使是再琐碎的工作，带着责任心认真去做的话，也一定会发现其中的价值并能愉快地完成工作。**

带着责任感反复做同一工作，不仅能快速掌握技术要领，还会变得更加自信。在工地现场当施工负责人，就是磨炼技术、快速提高技能的一种方法。

现在，一个技术不成熟的工匠，即使想自己承担责任也承担不了。这时，他就会希望身边的老工匠能够肯定他的工作。

要想得到肯定，就不能再像以前那样出错或者返工。如果不防患于未然、不认真完成工作的话，就会影响公司信誉。

和技术不成熟的工匠在一个工地工作的话，老工匠就要时刻提醒他。也就是说，你作为老工匠，也要对新工匠的工作负责。**慢慢地，自己承担的责任多了，能做的工作也就越来越重要。**

既然是专业工匠，就必须对自己的工作负责；如果你是经营者，就必须对公司承包的工程负责。因为经营者的责任重大，所以必须严格管理工地的每个工匠和完成的每项工作。

在我当工匠的时候，在工作中也有过大的失误。那次失误是由于我的错误判断导致的，所以跟客户说明原因后返工重做了。虽然又额外花费了时间和金钱，也给公司添了很多麻烦，但在我按照标准完成这项工作后，客户却向我表示感谢，感谢我能够实实在在地按照标准交工。

如果当时我编造个借口逃避责任，不仅得不到客户的感谢，还会对自己的工作能力不自信。

对自己的工作负责有利于增强自信，所以，在每个工地现场，都要让工匠成为施工负责人，减少不负责任的工匠。

参观优秀公司

这世界上一定有不少公司受萧条的经济形势影响，生意冷清，经营惨淡，举步维艰。我以前也有经营不下去的时候，那时就会把原因归咎于经济形势不好等外部环境。

但事实上，即使在那种经济形势下，也有营业额增加、利润上升的公司。松下幸之助被称为经营之神，他认为经济与经营不可混为一谈。**去参观一下优秀公司，你就会明白经济和经营真的是两码事。**

我每两个月就会参加一次与建筑相关的研修会，研修会有一个“企业访问”的环节，既访问经营状况不佳的企业，也访问业绩腾飞的企业。参观之后会发现，一个公司之所以优秀，是有原因的。

大概三年前，借着参加活动的机会，我和几名员工访问了鹿儿岛的一家公司。那家公司的员工对我们的接待既热情又周到，一到公司就带我们去各处参观。展台的布置非常易于客户了解建筑的构造和材料的特性，解说得也很详细，且简明易懂。总之，在我的印象里他们的员工培训做得很充分。

然后，在会议室我们听了社长的发言。他说在**满足客户的同时，还要注意满足员工。**

社长说，**员工是满足客户需求的窗口，要想真正满足客户，就必须让员工每天都忙碌又充实，充满活力地工作。**

下午我们乘坐大巴到工地现场参观，在工地也有很多细节让我感到很震惊。现场的整理整顿工作做得非常彻底，地面上没有一点儿垃圾，跟我们平时见到的现场完全不同。这家公司不仅开展职员培训活动，也很重视对工地指导员和工匠的培训教育。

参观一个优秀企业，进到公司一看你就会明白它为什么优秀。作为经营者或许会有很多机会参观优秀企业，但在工地干活的工匠却没有这种机会。**与其把自己看到的东西描述出来，不如多花些费用让工匠也一起参加企业访问活动，既一目了然又易于理解。**

回款后工作才结束

对于一项工程来说，要走一系列的流程。从组织营销活动开发客户开始，其后要了解客户有什么需要解决的问题或者急需什么，之后再双方协商、做报价单。

再经过与客户多次商讨后签订合同，开始施工。施工结束后，客户验收满意、同意付款后才能回款。

那么问题来了，到底到哪一步工作才算结束呢？当然立场和职位不同，答案也不尽相同。在营销员看来，收到了客户的订单，工作就算结束了，但对于在工地干活的人来说，施工结束就意味着工作结束。

无论哪种情况，对公司来说其实工作都没有结束。**从公司的角度来讲，只有客户满意、回款后工作才真正结束。**

从资金的流向来看，在回款之前，公司一直在支出而没有收入。当然，回款前公司也毫无利益可言。公司没有利益的话，就无法发展壮大，甚至无法继续经营。只有让客户满意、收回款项、取得利益，公司才能继续经营、发展下去。希望做销售工作的人和在工地干活的人能够理解这一点。

在这里，你可以联想一下自己所在的公司，是不是虽然一直都有工程订单、一直在施工，也向客户发出了请款单，却没能按照请款单上的金额全部收回？或者就变成了死账，根本就不能全部回款？

公司经营的时间越长，这种经历就会越多。有些公司明明盈利，最后却倒闭了。这正是因为虽然有销售额最后却不能回款导致的。

所以，回款之前绝对不能懈怠，要知道“回款后工作才算结束”。

"职人"を教え・鍛え・育てるしつけはこうしなさい!

第八章

8

建设精锐强大的长青企业

工匠的差距就是企业的差距

最近，“赢家”和“输家”这对词语很流行，日本的企业也在朝着这两个极端方向发展。除此之外，还时常听到有人说“差距”这个词，近年来日本确实成了一个“差距”无所不在的国家。

譬如学历差距、能力差距、教育差距、薪资差距、年收入差距等各种差距,但归根结底都是高低、好坏之分。我们所在的公司也逐渐向两个极端分化，不是每天忙碌充实、营业额上升、利润增长，就是业务量减少、每天无所事事、营业额下降、没有盈利。这就是所谓的企业差距。

那么，为什么企业之间会有差距呢？虽然能找出成千上万个原因，但我觉得真正的原因在于公司所雇佣的工匠，工匠的差距直接反映出公司的差距。

正如我在前文所说的，一个雇佣工匠的公司，其实力由所雇工匠的素质决定。到工作现场看看工匠们劳动时的状态，这个公司的风气如何、公司是好是坏便可一目了然。一个能够培养出优秀工匠的公司，会不断向前发展；相反，如果一个公司不能培养出优秀的工匠，就会日益衰败。

所以说，雇佣工匠的公司毫无疑问地朝着两个极端的方向发展，这正是因为工匠差距就是企业的差距。因此可以断言，一个拥有完善的工匠培养机制的公司，会成为一个不受市场环境影响、真正强大的公司。

接下来，让我们思考一下企业之间为什么会产生差距，这种差距又为什么不断扩大。

首先，一个向前发展的公司，会十分重视为公司奉献的人，把他们视为自己的家人，而且为了职员和工匠的成长，在培训培养上注入大量时间和资金，丝毫不吝惜。当然，工人的满意度提高了，自然会营造出良好的公司风气。

与之相反，**一个日益衰败的公司，不重视为公司劳动的人，就像对待一次性工具一样，用完就扔掉，不肯在人才培养上花费时间和金钱。**这样一来，工人们满腹牢骚，谈到公司和经营者自然也都是一肚子不满。

其实，公司的不良风气，外人一眼就能看出来。有的公司持续良性循环，而有的公司则陷入恶性循环。这样，公司间的差距也就越来越大。好公司越来越好，差公司越来越差，也就相当于好工匠越来越优秀，差工匠越来越糟糕。

所以，我认为企业之所以会两极分化，主要原因在于经营者如何对待雇佣的工人、是否愿意在职员及工匠培养上注入时间和资金。可以说，如果员工满意度低，职员、工匠没有长进，那么公司也不会向前发展。

员工招聘标准不在于学历，干劲儿是关键

工匠们所从事的工作内容，大部分都不是从学校学来的，而是来到这个岗位后在工地学到的。

所以，在学校学到的知识以及获得的学历，跟实际工作没什么关系。当然，对于工匠来说，最好能趁年轻多学些技能。

但是，正如前文统计数字所显示的，初中毕业生刚参加工作后，1年内离职的比例高达70%。相比之下，高中毕业生的离职比例接近50%，短期大学及大学毕业生为30%。

可以说学历越低的人离职率越高，但**最重要的是从事这项工作的人对工作要有热情、有干劲儿**。尤其对于要成为工匠的人来说，对工作没有热情和干劲，注定一事无成。

此外，在招聘时员工的素质也很重要。坚韧、直率的人更适合成为一名工匠，而做事没耐心、三天打鱼两天晒网的人不适合作工匠。

只通过短时间的面试很难看出一个人的素质，所以在实际招聘中，只要应聘者表现出对工作的热情和十足的干劲儿就可以录用。前面讨论了关于招聘的事情，接下来我们再换个视角聊一聊。

如果你正在找工作，选择职业的标准又是什么呢？对我而言，因为父亲是泥瓦工，我从小就喜欢建造东西，所以这是我选择成为泥瓦工最主要的原因。小时候看父亲在工地抹墙，心里不禁赞叹“好厉害啊”。有时父亲把我带到工地，我学着父亲的样子抹墙，也明白了其实父亲的工作很累很辛苦，但即使这样，我依然想成为一名泥瓦工。

下面以电视节目《坎布里亚宫殿》中的平成建设公司为例，再聊一聊关于学历的话题。

关于工匠培养，平成建设公司的社长秋元久雄认为，今后要大量录用高学历人才作木匠（工匠）。作为一个大型建筑公司，应该在公司内部培养工匠并不断推进这项事业，而不是沿袭一直以来的外聘方式。

秋元社长在亲自编著的《高学历大工集团》一书中，强调“做工匠的人，头脑必须灵活”。所以，他聘用大学和研究生毕业的优秀人才，并全面教授作为一名工匠要从事的工作内容和方法。他强调：今后的工匠不是技能单一的工人，而是多才多艺的人才。

对于秋元社长的想法我很有感触，但平成建设毕竟是大企业，各地方的中小企业与之相比，在招聘、工匠培养等方面存在着一定差异。

反过来说，即使地方的中小企业面向大学和研究生院招聘愿意成为工匠的人才，也未必会有人前来面试。所以，可以不考虑学历，只要志在成为工匠、对工作有热情就可以录用，在工作过程中教授礼仪、技能及相关知识即可。

全力培养工匠必有收益

有的经营者认为工匠的学习培训所需费用较多，不想投入过多；有的经营者认为工匠有一定的技术，可以干好分内的工作就行了；还有的经营者认为，工匠讨厌学习，嘱咐多了又会招来抱怨，所以最好别自找麻烦。

工匠们在这种经营者管理的公司工作，真是太可怜了。如果一个经营者或公司无视关键问题而一味地追求利益，不重视工匠培养，后果将不堪设想。最后，工匠由于不被重视，对待工作变得漫不经心，长此以往公司必将衰败。

这种公司的经营者就像不关心、不教育孩子的父母一样，公司则是处于这种环境中的家庭。不培养工匠，只是驱使工匠为公司利益服务，这样的公司必将走向衰落。工匠不是一次性工具，用完就扔。

举例来说，工匠就像苹果树一样，最重要的是要一天不落地浇水、施肥、打药，全心全力地培育。培育三年、五年、十年后，最终会结出甘甜的果实。

如果不给果树浇水、施肥、打药，不仅结不出苹果，恐怕最后连树都会枯死。所以，在工匠培养上，耐心很重要。

当然，**公司没有收益就无法继续存活，但雇佣工匠的公司也不能利益在先工匠培养在后**。要知道，不全力培养工匠就不会有效益。

从经营者的角度来讲，创造效益是非常重要的。但我也一直强调，公司雇佣工匠，经营者如果要追求效益就要培养出能创造效益的工匠。

田舞先生是我非常敬重的一位企业家，他曾寄给我一封关于“人才培养”的信，下面就和大家一起分享一下这封信。

在人才培养上，您经常会感到困惑吧，有时无论对对方多么亲切，最后他都会辜负您的期望。

即使这样，在培养人才的过程中，您亲切的态度依然很重要。也许您满怀真情的教诲会招来他们的反感，不接受您的指导。即使这样，仍然要继续热情地指导。当您觉得终于将员工培养成才时，他却突然递上辞职信，或者直接辞职。尽管如此，您也不要放弃努力，继续培养下一个员工。您尽心尽力、孜孜不倦地教导，也许员工却漫不经心地听，不论教多少遍都没有效果。

但您还是要继续耐心指导。也许有时您会感到疑惑，为什么一直以来自己竭尽全力的培养，换来的却是一次次的背叛，今后真的不想再受到这样的伤害了。然而，培养人才这种事，注定是要受伤的。

在人才培养上，需要花费时间和金钱，因为效果不佳，也许您想过放弃。然而，要想培养出不言放弃的工匠，就要不断地花费时间、精力和金钱。也许有时您会觉得，在忙得脚不沾地、人手不够的时候，根本就没时间培养人才，即使有心多加指导，又怕影响收益，最后也就算了。

其实，即使在这种情况下，也应该把人才培养放在第一位。教十遍不行就教一百遍，再不行就一千遍，只要日复一日地不断培养，终会培养成才。要培养就要竭尽全力，所有生物都是这样成长起来的。

我知道，培养工匠确实是大事，但也是很让人头疼的事。好不容易培养成才的工匠，以各种理由辞职时，有种万箭穿心的感觉，今后也真的不想再培养什么工匠了。

每当这时，我就会读一读贴在桌前的这封信。一个需要工匠的公司，对于它的经营者来说，最重要的就是培养工匠，必须一直不断地培养。

能全力培养工匠精神的公司是强大的公司

说到“强大的公司”，什么是强大的公司呢？它的标准和条件又是什么呢？如果是你，你会用哪些标准和条件来衡量呢？

像公司的规模、员工的数量等都是参考因素，当然高营业额、高收益也是判断标准。

判断应该参考哪些标准和条件，对我们来说可能有些困难，那我们来看看一些大企业，比如说到汽车公司我们就会想到丰田、本田、铃木，这些可谓是强大的公司，营业额下降又稳步回升的日产也称得上是强大的公司。放眼家电市场，在液晶电视和太阳能板领域，夏普算得上是强大的公司。其他一些公司也可以用股票的市值来衡量。

所以，判断一个公司是否强大，有各种各样的判断标准。你身边的公司又有哪些称得上强大呢？通过数据标准判断当然是一种方法，但公司风气良好、离职率低、拥有优秀的员工，这些也是必不可少的条件。但是，**真正强大的公司，是被当地人所需要，能够永远生存下去的公司。**

公司与人不同，人到寿终正寝的时候一切就都结束了，但公司则不一样，从创始人到第二任社长、第三任社长，可以不断地继承下去。可事实上，除了继承人的问题，公司还要面临各种各样的难题，所以要持续经营下去也是困难重重的。

一个要创建大公司的人，不会经营几年就关门，或者遇到困难就辞职。

很多人都有这样的雄心壮志，既然要创建公司，就要创建一个能够存活几十年、几百年的公司。也许在你身边就有已经经营了几十年、几百年的公司，这些公司正是因为满足了当地人的需求，才会长期经营下去。

以金刚组为例，这是一家位于大阪的建筑公司，是日本经营时间最长的公司。这家最长寿的公司就是一家工匠公司。

为什么金刚组能够持续经营1400多年呢？正是因为它确立了完善的工匠培养机制。在金刚组的“从业心得”中写着这些内容：认真思考儒佛神三教理念、依从主人喜好、专心修行、不多管闲事、节制饮酒、做事不出格、敬人慎言、常怀怜悯之心、不争强好胜、不装腔作势、热情接待每个人、认真处理每件事、不存私心诚实处理、中标后报价要诚实可信……

其实，金刚组的这些经营心得依然适用于现代社会的工匠培养。

确立工匠培养机制

新入职的工匠会把成为手艺一流的工匠当作努力目标，但能否独立地给公司创造利益又成了成败攸关的大问题。对于公司来讲，最重要的任务就是尽早培养出能给公司带来收益的新工匠。

但是，刚入职的新工匠什么也不懂、什么也不会，入职初期无法为公司的收益做贡献。

同时，在新工匠身上花费的费用比正常工作的工匠还多，这样一来，公司的费用负担又加重了。比如，在新工匠能正常干活之前都要正常支付工资、发放新工作服和安全帽、配齐用品和工具，此外，还有各种培训费，像研修费、公司内部学习会的教材费（书本费）、技能交流会的费用等。

前面说的这些费用是绝对不能省的。很多毫无发展的公司都把这部分费用省去了，但有些费用可以省，有些是绝对不能省的，培养工匠的费用就是绝对不能省的费用。

培养工匠的费用就像父母为培养孩子花的钱一样，虽然不是花得越多越好，但要想让工匠的培养卓有成效必然需要相应的花销。

为了使新工匠的培训取得显著效果，就要进行OJT和OFFJT，并合理运用两种培训方法。

在职培训其实就是到工地现场通过劳动学习。如果是泥瓦工，绝对不能直接从给客户抹墙开始，最初要从建材准备开始。刚进公司就开始在现场抹墙，恐怕会招来很多客户投诉。在这种情况下，公司信誉就会受到影响，所以要先让新工匠在公司好好练习，然后再慢慢地让他接触具体施工。

所谓脱产培训，就是新工匠首先要学习礼仪、知识、安全操作等相关内容。

除了这两种培训方式，还有技能交流、职业教育等。我们公司为了确立工匠培训机制，还参考了其他公司的培训方法，接受了培训机构的指导意见。

目前，我们制作了培训体系图表，并且通过和每个工匠单独面谈制定职业规划。职业规划中会有到什么年纪取得什么级别的资格证书、参加哪些研修培训等内容。当然，工匠培养与公司的内部环境、氛围密切相关，所以要时刻保持公司和工地的整洁环境，努力贯彻执行5S理念。

在重视全员学习的公司氛围下，每天都开早会，每个月开一次社内学习会和全员会议。但要想达到理想效果，还需要不断改进、不断完善。

我的工匠培养机制不一定是最标准的，关键是制定一套合适的机制。

最后再根据我的经验总结一下，**构建的工匠培养机制不是经营者培养工匠的机制，而是包括经营者在内全体员工共同成长的机制。**

因为公司不可能脱离经营者而存在，对经营者来说，要不断提高自己各方面的能力，并指导工匠提高能力。

坚持培养工匠，公司定会成长壮大

如果每一个工匠都能像经营者一样，时刻保持一种“经营者意识”，成为不仅能处理工地事务，还通晓营销、估价、绘图、签约、回款、培养部下等业务的全才，对各种业务样样精通的话，那么公司就会如虎添翼。如果公司能聚集到各方面才能都很优秀的工匠，毫无疑问，公司事务会变得忙碌而充实，能感觉到公司每天都在成长壮大。

事实上，正如前面章节中所列举的公司，他们通过坚持不懈的工匠培训，每年的营收都不断创出新高。

如果您的公司发展得不理想，说明在工匠培养方面做得还很不充分。老思想认为，工匠只要能干好工地的活儿就足够了。但是，在如今这个时代，一个只会在工地干活的普通工匠很难继续生存下去。

公司也一样，不能像从前那样仅培养只会在工地干活的普通工匠，而是应力争培养出有经营者意识、全能的、手艺精湛的工匠。如果经营者觉得没必要培养既有经营者意识又有高超技能的工匠，那就别想发展成少而精的公司了。

少而精的团队是指每个工匠都能最大限度地施展自己的能力。前面列举的公司经营者都专注于最大限度地开发工匠的价值，在任何情况下都坚持继续培养工匠，从不放弃。

首先，经营者本人就要确立一个远大的目标，必须有势必培养出与自己一样有责任感的高水平工匠的决心和信心。

正如前文所说的那样，只有构建扎实的工匠培养机制，才有可能培养出既有责任感又有精湛手艺的工匠。在工地干完活回到公司后，还能够使用电脑处理其他业务，以及打电话推销或者发放传单。

要想习惯这些工作也不是件难事，毕竟我们要最大限度地挖掘每个工匠的潜能。

当然，在这种职场环境下，后进公司的新工匠就会向老工匠学习，这样一来，就会源源不断地培养出有责任感的高水平工匠。如果培养不出这样的工匠，问题可能在于经营者本身就不自信，并且现有的工匠还没有改变自己的思维方式。

对于一个雇佣工匠的公司来说，最让经营者感到头疼的就是公司业绩增长不理想、经营状况停滞不前甚至衰退。通过统计数据可以了解到，与刚成立几年的新公司相比，一些已经营数年的老店铺面临着更加严重的业绩不振、破产等问题。

可以说造成这种困境的原因之一就在于工匠培养机制的崩溃，经营者固执地坚持陈旧做法，不接受新事物。**很多老牌店铺考虑的不是“能做什么”，而是“不能做什么”，而且工匠培养机制也没能与时俱进，这或许就是衰退的起因。**

再不采取行动任其发展下去的话，公司早晚都会破产。其他的事情可以暂且不管，当务之急是要专心致力于工匠的培养。

首先，您作为经营者就要彻底醒悟，认真对待工匠培养这件事。坚定自己的态度后，再去说服现在的每一个工匠，也让他们转变自己的陈旧思想。对于拒不改变的工匠应该停止聘用，而和那些愿意转变观念的工匠们通力合作。

不仅是工地的活儿，要让他们记住你布置的每一件事。刚开始，工匠们可能会抵触，但慢慢地各项工作都熟练后，他们就会变得自信起来，经营者意识也会越来越强。

不要放弃，先坚持着培养出第一个既有经营者意识又有高超技能的工匠，然后再和这位工匠一起培养下

一个工匠。

顺应时代潮流

日本经济变化无常，从“第二次世界大战”后的一片废墟到后来的高速发展，可惜好景不长就迎来了泡沫经济时代，最后泡沫破裂。如今，又进入了所谓经济萎靡不振的时代。

当然，客户的需求以及工作方式也发生了很大变化。可很多工匠和雇佣工匠的经营者却经常提起经济发达时代的丰功伟绩，觉得会再一次迎来泡沫经济时代的繁荣。这些人是没有察觉到时代的变迁呢，还是察觉到了却不知道该如何应对?

不管怎么说，如果不能顺应时代潮流，必将被市场淘汰。虽然大家也都意识到了这一点，但大到建筑界的大型建筑公司、综合建筑公司，小到一些承包公司，都把公司的眼前利益摆在了第一位，开始停止培养工匠，把工匠的工作都外包给了底层的专业施工公司。工匠和雇佣工匠的公司经营能力较弱，只能被随意支使利用。

再看看制造业的现状，在汽车和家电制造业，为了完成工作不招聘正式员工，而是雇佣派遣工，完全没有人才培养（工匠培养）的环节，这种做法在业内也形成了一种风气。

很多企业认为，工匠培养（人才培养）负担重、风险高，是个赔本项目。以这种短浅的目光看问题，就导致只顾眼前收益，考虑不到公司将来的发展。

照这样下去的话，几十年后日本就不会有所谓的工匠存在了。

在二十年前，平成建设公司的秋元社长就预测到了这种情况，从那时就意识到了工匠培养的重要性，并采取一系列的改革措施。

秋元社长不断地培养木工，并快速提高他们独立处理业务的能力。到目前为止，400名员工中有170人是木工，而且秋元社长雇佣的是高学历人才，再培养成木工。

秋元社长通过总结自己的从业经验，创造出理想的环境来培养木工。但我所考虑的工匠培养，并非仅仅针对员工过百的大公司，还包括分散在地方的小规模公司，像只有十几名员工（工匠）的公司又该怎么办呢?

对于小公司，像平成建设那样招聘大学毕业生或研究生，再创造培养工匠的环境，其实是非常困难的。而且，小公司也没有能力每年都招聘新人。

所以，对于中小企业来说，最重要的是改变现有工匠的观念，培养出能顺应时代潮流的全能工匠。首先，要将现有的工匠培养成能够与时俱进的工匠，然后再招聘年轻工匠，全公司团结一致进行人才开发培养。

这里要强调一下，在招聘时绝对不能妥协，绝不雇佣容易半途而废的人。也不必一次招聘太多人，因为一旦招聘了新工匠，在他们能够独立工作前，公司都不能随意裁员。**对于公司和应聘者来说，工匠培训才是一场真正的胜负较量。**

正如前文提到的，无论是大企业还是地方的小公司，工匠培养机制正面临考验。今后，如果不自行培养工匠，公司注定会走下坡路。在经济形势如此严峻的时刻，可以说培养工匠是使公司继续发展壮大的唯一出路。

这个时代属于能够与时俱进的工匠，属于能够培养这些工匠的公司。

后记

二十年前，我开始了泥瓦匠的工作。在那之前，本来是父亲带领几名泥瓦匠经营着这家公司，但后来由于职业劳作引起的腰痛病恶化，就开始了长期的住院生活。

当时，我正在当地的建筑公司从事制图工作。由于家族事业的危机，我选择了从建筑公司辞职，进入了父亲所创办的公司。当时我已经二十几岁了，从头开始学泥瓦匠的工作，相当吃力。

但是，学习泥瓦匠技术并不是最吃力的，资金问题（资金操作）和人的问题（人才培养）才是最困难的。当时出现了各种问题——一周后要发工资，银行账户却没了现金，天天睡不着觉；订单过多，人员调配不过来，大家通宵加班施工等。现在想起来，实在是一种痛苦的记忆，但也正是有当时的磨炼，才有了今天的成绩。

23岁时，我第一次看到了公司的财务报表，当时我进入公司才三年。那时父亲仍旧是社长，从他每月结工资之前的表现来看，公司的财务状况非常糟糕。后来，父亲将存折、印章和财务报表等一并交给了正在工地现场工作的我。

从那天起，我就担负起了公司的营销和财务工作，需要经常跑银行。我当时基本没有什么财务知识，对于财务报表的内容也无法完全理解，但看起来公司的财务状况很严峻，借款额已经超过了年营业额。

我立即着手学习财务知识，逐渐地看懂了财务报表，发现公司的财务状况非常危急。想到公司眼下面临破产的可能，顿时感到后背发麻。

当时我还不是社长，没有办法去改变现状。作为社长的父亲，能做的也只是在工地现场拼命工作。虽说父亲是社长，但经营方面却没有什么知识，只是在现场像一个父亲一样统领着大家，完全是一个老工匠。他基本上不会去银行，对于会计师事务所做出的财务报表，也只是瞄一眼，就连我问他财务报表的内容是什么意思，他也没能告诉我。

从那时起，我就代替父亲做起了这些工作。每每快到结工资的日子，我都整晚整晚地睡不着觉。每天都为资金往来的事情烦恼。也许正是源于我当时在资金往来上所下的功夫，公司才坚持到了现在。

在今年的4月份，父亲在工作中病倒，被急救车送往医院。我是在一个会议中得到的这个消息，当时非常焦急。赶到医院向医生问明情况，说是心脏有些问题，需要手术治疗。

在住院期间，我与父亲说了很多平时没机会说的话。手术当天，坐在等候室的我思考了很多有关父亲的事情，正是他教会了我专业技术和经营之道。

父亲对于资金往来及营销方面不擅长，这才促使了我在这方面更加努力。仔细思考，正是父亲将我培养成了一名工匠，才使我有机会执笔写下这本书。

7月份，父亲平安出院，能够再次与父亲一起工作，我感到非常高兴。

学习的科学：

如何学习得更好更快

ISBN 9787515341767
著者：〔美〕爱德华·D. 赫斯
定价：39.80元
出版社：中国青年出版社

- 用混合式学习颠覆思维方式，促进个人成为更优秀的学习者。
- 以员工为中心的学习系统，驱动组织，比未来的对手学得更好、更快。

如何高效学习？如何打造学习“机器”？

为什么学习需要个人或组织做出改变？学习流程最关键是什么？

如何掌握批判性思维工具？怎样作出正确决策？

学习系统是如何构建的？

本书阐述了通过学习以及构建学习型组织策略，打破反思性思维方式、僵化的心智模式以及较强的自我防卫系统，保持开放心态，采用批判性思维工具，强化创造力和专注力，成为真正优秀学习者的科学学习法。为个人、组织领导者提供关于学习、思考和决策的革命性指南。